리더만들기
200년,
미국 사립사관학교로 가라!

리더만들기 200년,
미국 사립사관학교로 가라!

● 정륜 지음

인간희극

인생에서 올바른 선택을 하고 혼자 일어설 수 있도록
항상 용기를 주시고 사랑을 베풀어 주신 나의 부모님,

나의 영원한 동반자이며 최고의 후원자인 아내 지윤,
삶의 새로운 가치를 느끼게 해준 딸 조이와 아들 주원,

그리고 지금의 나를 만들어준 캠퍼 밀리터리 스쿨의
여러 선생님들과 그리운 동료 생도들에게
이 책을 바칩니다.

나는 올해 3월 두 아이의 아빠가 되었다. 아직 핏덩이 같은 아기들이지만, 나도 언젠가는 내 자식들의 교육에 대해 심각하게 고민하게 될 때가 반드시 오리라 생각하고 또 그 시기가 매우 기대가 된다. 특히, 내 아이에게 어떤 교육을 시켜야 할지, 어떤 학교를 보내야 할지 대한민국의 여느 부모나 마찬가지로 머리를 싸매고 고민을 해야 할 것이다.

세상을 더 살아봐야 하겠지만 한가지 확실한 것은 있다. 내 아이가 우수한 성적만을 위한 공부가 아니라, 명예롭고 건강한 몸과 정신을 갖춘 어른으로 성장시켜줄 수 있는 그런 공부를 할 수 있으면 하는 바람 말이다. 불행한 일이지만 우리나라 공교육에서 이러한 교육이 없어진 것은 이미 오래이고, SAT 점수 평점이 2200점을 웃돈다는 명문 사립 고등학교의 학생들도 이러한 교육을 받을 수 있는 기회는 그리 많지 않다.

그래서 나는 우리나라에서는 경험할 수 없는, 저 멀리 미국이라는 나라의 학부모들이 200년 가까이 자녀들의 교육을 위해 보내왔던 사립사관학교에 대해서 소개해 보고자 한다. 사립사관학교는 군인이 되기 위해 가는 육군사관학교와 같은 사관학교가 아니라, 사립학교의 대학준비 college preparatory 교육과 사관학교식 군사리더십 교육을 함께 접목시킨 역사와 전통이 매우 깊은 미국의 교육시스템 중 하나이다. 현재 미국군사학교협회(AMCSUS)에 등록된 중·고등학교 커리큘럼을 제공하는 사관학교 총 29개 중 25곳이 미국 본토에 있는 보딩스쿨boarding school(기숙사형 학교)인데, 이 책에서 중점적으로 다루게 될 사립사관학교가 바로 이런 기숙사를 갖추고 중고등학교 과정을 제공하는 학교들이다(보딩스쿨형 사관학교 중 유일한 공립학교인 뉴멕시코 밀리터리 인스티튜트도 여기에 포함시킬 것이다).

사실 군사리더십 교육과 일반 사립교육을 접목시킨 사립사관학교는 미국인들에게는 새로운 교육시스템이 아니다. 미국 각 지역의 사립학교들이 지역의 명문가문 자제들을 훌륭한 리더로 교육시키기 위해 군사리더십 교육을 학교 커리큘럼에 접목시키기 시작했고, 1861년 남북전쟁을 시작으로 지금까지 수많은 전쟁을 치렀던 미국에서는 다양한 군사지식을 갖추고 리더십 교육을 받은 사립사관학교의 학생들이 준비된 젊은 리더로서 미국사회를 이끌어왔다.

부모가 자신의 아이를 어린 나이에 유학을 보낼 때 생기는 걱정은 이루 말할 수가 없을 것이다. 특히, 미국에 대해서 잘 모르는 부모는 더욱 더 그럴 것이다. 그 중에서도 내 아이가 공부하기 좋은 환경에서 아무 문제없이 안전하게 잘 생활할 수 있을지, 부모가 옆에 없어도 인성교육을 잘 받아서 사회성과 책임감 있는 어른으로 성장할 수 있을지, 미국에서 혼자 생활하다 보면 나쁜 길로 빠질 수 있는 다양한 유혹이 있을 텐데 잘 이겨낼 수 있을지 등 부모의 걱정은 끝이 없을 것이다.

이런 걱정을 하는 부모라면 나는 아이들을 미국의 사립사관학교에 보내볼 것을 추천하고 싶다. 물론 이왕 조기유학을 보내는데 미국 동부에 있는 최고 명문학교에 가는 것이 좋지 않겠느냐라고 생각할 수도 있다. 갈 수 있는 사람은 당연히 가면 좋겠지만 사립사관학교는 일반 사립학교와는 다른 장점들이 많다. 우선 사립사관학교는 일반 사립학교에 사관학교식 생활과 리더십 교육프로그램을 접목시킨 일종의 주니어 사관학교라고 보면 된다. 대부분이 100년 이상 지속돼온 전통적인 군사 리더십 교육 프로그램과 미국방부에서 지원하는 주니어 ROTC(JROTC) 프로그램을 함께 운영하고 있고 일부 학교에서는 학교 역사와 전통에 더 맞는 자체 군사교육 프로그램을 개발하여 운영하고 있다. 이들 학교들은 학생들의 지식과 지적 수준을 높여주는 일반 사립학교의 커리큘럼 외에도 사관학교식 교육 프로그램을 통해 명예롭고 책임감 있는 리더로 성장할 수 있는 다양한 경험과 기회를 제공하고 있다. 또한, 학생들이 학교의 엄격한 사관학교식 규정에 의해 생활하게 함으로써 학업과 학교생활에만 전념할 수 있도록 하고 있다.

내가 1989년에 유학을 갈 때만 해도 미국에 중고등학생이 갈 수 있는 사립사관학교가 있다는 사실을 아는 사람은 많지 않았다. 부모님의 지인이 그 사실을 알려주기까지 나 역시 전혀 알지 못했다. 반면 요즘은 대부분의 유학원에서 사립사관학교 관련 정보를 수집하여 조기유학에 관심 있는 학생들과 부모들에게 상담까지 해주고 있다고 한다. 사립사관학교에 관심을 가지는 한국 학생들이 계속 늘고 있는 까닭일 것이다. 사립사관학교를 졸업한 사람으로서 매우 긍정적인 현상이라고 생각한다.

그런데 한 가지 걱정이 있다. 이들 학생들이 사립사관학교에서 발행한 브로셔를 받아 읽어보고 유학원을 통해 상담을 받아보기는 하겠지만, 과연 사립사관학교가 무엇인지 제대로 설명해 줄 수 있는 사람들이 얼마나 되는지 모르겠다. 또한 미국의 사립사관학교 제도는 오랜 전통을 갖고 있는 미국 역사의 일부분이기도 한데, 이들 학교에 입학을 희망하는 학생들과 그들의 부모들은 과연 사립사관학교에 간다는 것이 무엇을 의미하는지 잘 알고 있는지 모르겠다.

이 책을 쓰면서 친분이 생긴 한 미국 사립사관학교 관계자에 의하면 일부 한국인 학생들이 사립사관학교에 대한 정보가 너무 부족한 채로 입학을 하여 학교생활에 잘 적응하지 못하는 경우가 있다며, 한국 학생들의 가디언guardian이나 유학원에서 정보를 제대로 제공하지 않는 것 같다며 우려를 표명하기도 했다. 또한 나는 몇 년 전 인터넷 유학관련 블로그에서 이러한 글을 본적이 있다. '미국 사립학교 제대로 알고 보내기'라는 제목의 글이었다. 글쓴이는 "사립사관학교는 원래 명문가의 버릇없는 자제들을 훈육하려는 의도로 세워진 뒤 근래에는 미래 군사 지도자 양성에 뜻을 두고 운영되고 있다. 하지만 한국 학생들의 경우 대학 진학에 목표를 두고 있음에도 불구하고 일부 무분별한 유학원들의 무책임한 알선으로 인해 이들 학교에 유학중인 경우도 심심치 않게 본다"라고 적고 있었다. 사립사관학교 졸업생으로서 이런 글을 보고 놀라지 않을 수 없었다. 미국의 사립사관학교가 명문가의 버릇없는 자제들을 훈육하려는 의도로 세워졌다는 것이 사실이 아닌 것은 물론, 최근에는 군사 지도자 양성을 위해 운영되고 있다는 것도 사실이 아니다. 사립사관학교를 졸업한 당사자의 입장에서 볼 때 이러한 주장은 사립사관학교의 역사와 전통에 대해 제대로 공부해 보지도 못한 어떤 이가 사립사관학교에 적응하지 못한 일부 학생들의 얘기와 인터넷에 돌아다니는 사관학교의 부정적인 얘기만을 듣고 쓴 것으로 밖에 이해되지 않는다.

사립사관학교가 미군 지도자를 양성하려는 목적에서 운영된 것은 1800년대 말부터 1900년대 중반까지의 먼 옛날 이야기다. 오늘날도 사립사관학교의 우수 생도들이 미 육해공군 사관학교에 추천되고, 졸업생들 일부는 실제로 군인의 길을 걷기 위해서 사관학교에 진학하기도 하지만 90% 이상의 졸업생들이 일반 대학에 진학하며, 상위권 사립사관학교의 졸업생들은 미국의 아이비리그 학교를 포함한 명문대 진학률이 높다. 따라서 사립사관학교가 군의 지도자를 양성하려는 목적에서 운영된다고 하는 것은 이들 학교의 교육철학과 조금 동떨어진 얘기라고 할 수 있다. 그렇다고 사립사관학교가 모두 좋다는 말은 하지 않겠다. 일반 사립학교 중에서도 아주 우수한 학교가 있고 보통인 학교가 있는 것처럼 사립사관학교도 마찬가지이다. 하지만 학교의 수준을 떠나 사립사관학교들 모두 각자의 역사, 전통, 자부심이 있는 학교들임에는 틀림없고, 독자들이 자신들에게 맞는 최선의 선택을 할 수 있도록 돕는 것이 이 책의 가장 큰 목적이기도 하다.

지난해 3월에 있었던 일이다. 업무차 미국으로 출장을 갔는데 함께 갔던 직장 상사와 친분이 있던 미 하원의원의 사무실에 방문할 기회가 있었다. 국회의원 보좌관으로 4년 넘게 국방 및 의원외교 업무를 담당하면서 미국의 상·하원 의원들과 정부 고위관료들을 만날 기회가 많이 있었지만, 이번만큼은 특별하고 흥분되는 마음을 감출 수 없었다. 그는 바로 미국 하원 군사위원회의 위원장인 아이크 스켈턴 ^{Ike Skelton} 위원장이었다. 6천억 달러가 넘는 어마어마한 국방예산을 심사하고 의결하는 막강한 권한을 지닌 하원 군사위원장을 만난다는 사실은 그 자체로 놀라운 일이었지만, 더더욱 흥분되었던 것은 그가 필자가 졸업한 캠퍼 밀리터리 스쿨 ^{Kemper Military School}의 경쟁학교였던 웬트워스 밀리터리 아카데미 ^{Wentworth Military Academy}의 졸업생이었다는 것이다.

사무실에 들어서니 내 눈에 가장 먼저 들어온 것은 스켈턴 위원장이 사립사관학교 생도시절 제복을 입고 찍었던 대형 기념사진이었다. 그에게 내가 캠퍼 밀리터리 스쿨 졸업생이라고 하니, "이런 놀라운 일이 있을 수 있나!"라며 나를 너무나 반갑게 맞아주었다. 그는 자신이 사립사관학교 졸업생이라는 것에 대해 여전히 대단한 자부심을 갖고 있었다.

스켈턴 위원장과의 만남을 통해 나는 내가 사립사관학교 생도로서 살았던 2년이라는 시간에 대해서 다시 돌아보게 되었다. 그리고 수많은 리더들을 길러낸 사립사관학교의 교육 노하우와 원동력은 과연 무엇인지, 그들이 그토록 사립사관학교의 졸업생임에 자부심을 느끼는 이유는 무엇인지 새삼 궁금해지기 시작했다. 출장에서 돌아오자 마자 수많은 자료들을 찾아보면서 나는 스스로가 사립사관학교 졸업생이지만 예전에는 알지 못했던 유용하고 흥미로운 사실들을 많이 알게 되었다. 그리고 자료들을 검토하는 도중에, 수년 전만 해도 일본, 대만 유학생들이 대부분이었던 사립사관학교에 한국 학생들이 꾸준히 늘어나고 있으며, 우리나라에서도 미국의 사립사관학교를 모델로 한 학교 설립을 계획하고 있다는 소식을 접하고서는 이번 기회에 미국 사립사관학교의 역사와 교육 시스템을 우리나라에 알리는 책을 써야겠다는 결심을 굳히게 되었다.

이 책을 쓰면서 한 가지 기대가 있다면, 앞으로 더 많은 대한민국의 학부모들이 자녀들의 조기유학을 검토할 때 공부도 열심히 하고 맑은 정신, 리더십, 튼튼한 체력을 함께 계발할 수 있는 사립사관학교를 입학 고려 대상에 포함시키는 것이다. 특히 아들을 가진 아버지라면 꼭 한번 검토해 볼 것을 자신 있게 권해드리고 싶다. 자식을 고등학생 나이에 사관학교에 보낸다고 하면 걱정부터 하는 부모님들이 많을 것이다. "미국 생활도 어려운데 사관학교라니?"라고 말이다. 하지만 사립사관학교는 그 어떤 사립학교보다 더 엄격한 규정과 통제 하에 학생들의 학사 및 생활 관리를 해주고 인성교육에도 세심한 신경을 써주기 때문에 큰 걱정을 하지 않아도 될 것으로 믿는다.

짧은 머리와 구릿빛 피부, 정모 창 밑으로 보이는 초롱초롱한 눈빛, 각종 훈장이 달린 멋진 제복을 입고 졸업식장으로 행진해 들어오는 아들의 늠름하고 성숙한 모습을 보며 감격하지 않을 부모들이 어디 있을까 라는 생각을 해본다. 최근 미국의 모 명문대학교 입학 담당자에 의하면 사립사관학교를 우수한 성적으로 졸업한 학생들은 사립사관학교에서의 다양한 리더십 경험과 능력을 인정받아 비슷한 성적의 다른 일반 학교 졸업생들보다 입학 지원서 평가 시 더 높은 점수를 받을 확률이 높다고 한다. 이런 면에서 보면 사립사관학교는 부모의 곁을 떠나 머나먼 미국에서 홀로 유학생활을 해야 하는 한국 학생들에게 매우 적합한 교육환경을 갖추고 있다고 볼 수 있다.

이 책을 쓰기 시작할 때부터 지금까지 많은 분들의 관심, 배려, 지원이 없었다면 마무리 할 수 있었을까라는 생각을 한다. 그래서 책을 마무리 하면서 지금까지 도움을 주신 여러분들께 감사의 말씀을 전하고 싶다. 우선, 바쁘신 시간에도 소중한 추천의 글을 써주신 윌리엄 S. 코헨 William S. Cohen 전 미국 국방장관님과 유용원 기자님께 감사의 말씀을 전한다. 또한 이 책을 쓸 수 있도록 동기부여를 해주시고 소중한 기회를 제공해 주신 이승훈 회장님, 유재건 전 의원님, 황진하 의원님과 이번 사립사관학교 프로젝트에 관심을 갖고 전폭적인 지지와 조언을 아끼지 않으셨던 권오훈, H.K. Park, 서경애, 문천상, 최부식, 이진상, 토니 지랄디 Tony Giraldi, 앨리슨 레스카보 Alison Lescarbeau, 김종훈, 김진한, 정근창, 마이클 스텝토 Michael Steptoe, 자넷 르느와르 Jeanette Lenoir 등 많은 분들께 감사드린다. 끝으로 이 책의 출판을 위해 많은 자료와 사진을 제공해 주신 에드머럴 파라깃 아카데미 Admiral Farragut Academy, 카슨 롱 밀리터리 인스티튜트 Carson Long Military Institute, 컬버 밀리터리 아카데미 Culver Military Academy, 피시번 밀리터리 스쿨 Fishburne Military School, 매사누턴 밀리터리 아카데미 Massanutten Military Academy, 미주리 밀리터리 아카데미 Missouri Military Academy, 뉴멕시코 밀리터리 인스티튜트 New Mexico Military Institute, 란돌프-메이컨 아카데미 Randolph-Macon Academy, 세인트 존스 노스웨스턴 밀리터리 아카데미 St. John's Northwestern Military Academy, 티엠아이-더 에피스코펄 스쿨 오브 텍사스 TMI-The Episcopal School of Texas, 벨리포지 밀리터리 아카데미 Valley Forge Military Academy, 웬트워스 밀리터리 아카데미 Wentworth Military Academy 관계자 여러분들께도 진심으로 감사의 말씀을 전한다.

윌리엄 S. 코헨William S. Cohen

現 The Cohen Group 회장(워싱턴 DC)
前 미국 국방부 장관(클린턴 정부) / 前 미국 상원의원

미국 사립사관학교의 전통은 매우 깊습니다. 이들 학교들은 200년이 넘게 중고등과정의 남녀 학생들에게 학문과 강인한 체력을 함께 접목한 균형된 교육을 제공해 왔습니다. 사립사관학교의 학생들은 어린 나이부터 자신에 대한 엄격한 훈련과 리더십 및 윤리 교육을 받으며, 이는 그들이 군, 정부, 민간분야에서 두각을 나타내는 데 원동력으로 작용하고 있습니다.

이런 오랜 전통과 균형 잡힌 교육 시스템을 생각해보면 사립사관학교들이 공공 및 민간분야에서 수많은 우수한 리더들을 배출해냈다는 사실은 별로 놀라운 일이 아닐 것입니다. 한 예로 더글라스 맥아더 장군은 웨스트 텍사스 밀리터리 아카데미(현재 명칭은 티엠아이-더 에피스코펄 스쿨 오브 텍사스)를 졸업했고, 현재 미하원 군사위원회 위원장으로 계신 아이크 스켈턴 하원의원 또한 웬트워스 밀리터리 아카데미의 졸업생으로 잘 알려져 있습니다.

사립사관학교를 졸업한 사람들의 명단에는 미국 정부의 고위급 인사,

비즈니스와 군의 리더들, 언론인, 교육자들이 포함되어 있으며, 제가 미국 상원의원과 국방장관 재직 시절 이러한 분들을 알고 지낼 수 있었다는 것은 크나큰 기쁨이었습니다.

사립사관학교가 미국에서의 성공을 위한 유일한 길은 아닐지라도, 이들 학교들은 미국의 학생들이 선택할 수 있는 다양한 성공의 방법 중의 하나입니다. 한국인들에게 미국의 사립사관학교 제도를 소개하기 위해 연구를 하고 이렇게 자세한 책을 쓰신 정륜 씨에게 찬사를 보냅니다.

유용원
조선일보 군사전문기자

우선 부끄러운 고백부터 해야 할 것 같습니다. 명색이 군사전문기자이고 우리나라에서 국방분야를 가장 오랫동안 담당해온 기자라고 하지만 저는 제 큰 아들의 미국 사립사관학교 입학 상담을 하기 전까지 그 존재에 대해 알지 못했습니다. 한 현역장성을 통해 이 학교의 존재를 처음으로 알게 된 뒤 아들을 유학시키기로 결심했지요.

제 아이를 미국에 보내기로 한 출발점은 우리나라의 여느 학부모와 다를 바 없습니다. 큰 아이가 초등학교를 졸업한 뒤 중학교에 들어가자 귀가 시간이 눈에 띄게 늦어졌습니다. 고3도 아닌, 중학교 2학년생이 학원 때문에 매일 밤 12시가 다 돼야 집에 들어오고 주말도 편히 쉬지 못하는 모습을 보고 "정말 이런 식으로 교육을 시켜야 하는가" 하는 의문과 회의가 강하게 들었습니다. 큰 아이도 학교 성적은 제법 괜찮았지만 이런 교육에 대해 회의를 느끼는 표정이었습니다. 이에 무엇보다 제대로 된 전인교육을 시키는 것이 중요하다고 생각했고 그런 교육 시스템을 국내외에서 찾다가 미국 사립사관학교를 발견한 것입니다.

그러나 몇 가지 걱정도 있었습니다. 우선 사관학교 교육 시스템을 적용하다보니 엄격히 통제된 생활을 하게 돼 정신적, 육체적으로 힘들 텐데 과연 열다섯 살 밖에 안된 아이가 견뎌낼 수 있을까 하는 우려를 지울 수 없었습니다. 본인의 적성에 맞지 않는데 강제로 보냈다가는 100% 실패할 것이라 생각하고 이 학교에 다니는 한국 학생이 방학이 돼 한국에 왔을 때 큰 아이와 직접 면담, 허심탄회한 얘기를 듣도록 했습니다. 학교생활의 어려운 점에 대한 얘기를 듣고도 큰 아이는 한번 도전해보겠다는 의사를 밝혔고 이내 유학의 길을 떠났습니다. 큰 아이가 중학교 2학년 때였습니다.

현재 고등학교 2학년인 큰 아이가 다니는 학교는 미 펜실베니아주에 있는 카슨 롱 밀리터리 인스티튜트Carson Long Military Institute입니다. 이 책에도 소개가 돼 있지만 현재 미국에서 가장 오래된 사립사관학교입니다. 작은 학교이고 건물도 오래됐지만 고색창연한 캠퍼스가 이 학교의 역사를 고스란히 보여주고 있습니다. 제 자식 자랑하면 팔불출이라지만 사립사관학교 '홍보'를 위해 자식 자랑 좀 할까 합니다. 사실 어린 나이에 아무런 연고도 없는 곳에 보내놓고 나니 과연 잘 적응할 수 있을까 한동안 걱정이 많았습니다. 집사람은 훨씬 더했지요. 그러나 예상보다 학교생활에 빨리 적응해 몸이 전보다 건강해졌고 성적도 괜찮게 나왔습니다.

무엇보다 건전한 정신을 갖고 강한 리더십을 기르도록 교육받고 있음을 피부로 느낄 수 있었던 점이 가장 큰 성과였습니다. 처음엔 군사학 교육만 시키지 않을까 염려했는데 커리큘럼도 다양하게 구성돼 일반대학에 진학하는 데 큰 어려움이 없도록 하고 있더군요. 이 책에서도 언급하고 있지만 사립사관학교 출신들은 사관학교 등 직업군인으로 진출하는 경우보다 일반대학에 진학하는 경우가 훨씬 많다고 합니다. 그런 점에서 미국 사립사관학교는 유학을 간 아이가 유혹에 빠져 잘못된 길로 접어들지 않고 사회의 훌륭한 리더가 되기를 원하는 부모들이 보낼 만한 학교라고 여겨집니다. 물론 여기에 몇 가지 전제는 있습니다. 본인의 희망과 적성에 맞지 않는다면 아무리 훌륭한 교육 시스템도 소용이 없겠지요. 본인의 희망과 적성을 감안해야만 성공 확률이 높을 것입니다. 또 사립사관학교가 모든 조건을 충족시키는 완전무결한 교육 시스템은 아니기 때문에 개인적으로 극복해야 할 문제들도 있을 것입니다.

맥아더 장군이나 노먼 슈왈츠코프 미 걸프전 사령관 등 유명한 군 지휘관은 물론 세계적인 부동산 재벌 도널드 트럼프, 세계 최대의 할인마트인 월 마트의 공동창립자 제임스 버드 월튼 등도 사립사관학교 출신이라는 사실은 이 학교 교육의 장점을 상징적으로 보여주고 있는 것입니다. 마침 국방부 등 우리 정부에서도 미국 사립사관학교 교육 시스템을 도입하는 방안을 검토중이라고 합니다. 이 교육 시스템이 우리 교육 환경에 맞게 발전적으로 수용돼 홀륭한 인재가 배출되기를 기원합니다.

이 책의 저자인 정륜씨는 미국 미주리주의 사립사관학교를 졸업한 뒤 미 씽크탱크와 한국 국회, 그리고 로펌에서 성공적인 길을 걸어왔습니다. 국회에서도 정륜씨는 국회의원 보좌관으로 발군의 실력을 발휘했습니다. 그의 체험과 미 사립사관학교에 대한 풍부한 자료수집 결과가 이 책에 고스란히 녹아 있습니다. 미 사립사관학교에 유학을 하려는 학생과 학부모들, 그리고 이 교육 시스템을 우리나라에 도입하려는 정책결정자 등에게 이 책은 홀륭한 가이드 북으로 큰 도움이 될 것입니다.

Contents

제6장 미국 사립사관학교 경험담

제7장 각 학교별 정보

1 미국 사립 사관학교란 어떤 곳인가?

주말에 미국의 시골 동네를 여행하다 보면 가끔 중·고등학생 정도 되는 아이들이 깔끔한 제복을 입고 맥도날드에서 햄버거를 먹고 있거나, 편의점에서 물건을 고르고 있는 모습을 목격할 수 있다. 우리나라에서도 교련 과목이 폐지되기 전까지 얼룩무늬 교련복을 입고 다니는 고등학생들의 모습을 가끔 볼 수 있었지만, 어린 학생들이 정식 사관학교 제복을 말쑥하게 차려 입고 의젓하게 다니는 모습은 그야말로 이채로운 풍경일 것이다. 이들은 바로 200년에 가까운 역사와 전통을 자랑하는 미국 사립사관학교의 학생들이다.

사립사관학교는 미국 교육시스템의 중요한 일부분이다. 사립사관학교의 교육체계는 미육군사관학교United States Military Academy (일명 웨스트포인트West Point) 나 버지니아 밀리터리 인스티튜트Virginia Military Institute 등 대학과정의 실제 사관학교를 모델로 하여 만들어졌으며 통상 기숙사를 갖추고 있고 중·고등학교 교육 과정을 제공한다.

'사관학교'라는 명칭과 이런 교육체계가 낯선 우리나라의 부모들은 '아이들을 어떻게 그런 힘든 학교에 보낼 수 있을까?' 라는 생각부터 들 수 있겠지만, 상당히 많은 미국 학생들이 사립사관학교에 입학하기를 희망하고 있고 학부모들 또한 자식들에 대한 훈육(訓育, discipline)을 위해 사관학교를 택하고 있다.

미국에서 가장 먼저 세워진 사립사관학교 중 하나인 샬롯 홀 밀리터리 아카데미Charlotte Hall Military Academy (1774년 설립, 1976년 폐교)를 포함하면 미국 사립사관학교의 역사는 200년 이상 지속되어 왔다. 우리나라에 있는 여느 대학들보다 그 역사와 전통이 긴 것이다. 2세기를 넘는 오랜 시간 동안 미국의 리더를 양성하는 데 힘써 온 만큼 사립사관학교 졸업생 중에는 유명인사들이 수두룩하다. 한국인들에게는 너무나 친숙한 이름인 더글라스 맥아더Douglas MacArthur 장군, 제1차 걸프전을 성공으로 이끌었던 노먼 슈왈츠코프Norman Schwarzkopf 장군 등 유명 군인들은 물론이고, 세계적인 부동산 투자의 귀재 도널드 트럼프Donald Trump, 미국 최초의 우주인 알란 셰퍼드Alan Shepard, 미국의 다국적 식품기업인 타이슨푸드Tyson Foods 의 초대회장인 도널드 타이슨Donald Tyson, 힐튼호텔 체인 창립자인 콘라드 힐튼Conrad Hilton, 월마트Wal-Mart의 공동창립자 제임스 버드 월튼James Bud Walton, 미국 ABC 뉴스의 간판 앵커인 샘 도널드슨Sam Donaldson 등이 모두 사관학교를 졸업한 인물들이다.

사립사관학교는 그 어떤 사립학교보다 더 엄격하고 잘 계획된 커리큘럼을 제공한다. 또한 인성교육에도 힘을 써서 국가, 가족, 자신에 대한 명예를 중요시하고 리더십과 튼튼한 체력을 갖춘 청년을 양성하는 데 탁

월한 노하우를 쌓아왔다. 학생의 SAT 점수도 중요하지만 학교에서의 생활 태도 및 활동, 리더십 경험, 인간으로서의 됨됨이, 자신만의 특별한 재능을 가진 학생을 선호하는 미국의 대학들은 사립사관학교를 졸업한 학생들에게 큰 매력을 느낄 수밖에 없다. 이런 이유들로 나는 조기유학을 준비하고 있는 학생과 부모들에게 미국 사립사관학교를 고려해 볼 것을 자신 있게 권하고 싶다. 사립사관학교를 보내면 자식이 군인이 되겠다고 하면 어쩌나 걱정하는 부모도 있겠지만, 사립사관학교 졸업생 중 90% 이상이 일반 대학에 진학하며, 실제 직업군인의 길을 택하는 학생들은 그리 많지 않다.

조기유학을 보내는 부모들은 자식들이 하버드대, 예일대와 같은 아비리그 학교에 가는 것도 중요하지만 그보다는 낯설고 먼 곳에서 잘 적응

퍼레이드에 나선 벨리포지 밀리터리 아카데미 학생들

하여 건강한 심신과 리더십을 갖춘 멋진 사람으로 자라주기를 바라는 마음이 더 클 것이다. 사립사관학교는 이런 바람에 가장 부합되는 학교로 일반 공립학교나 사립학교와는 차별화된 교육시스템으로 학생들이 자신의 분야에서 리더로서 성장할 수 있도록 정신적 육체적 기반을 닦아주는 아주 특별한 학교임에 틀림없다.

　사립사관학교는 아직까지 우리나라 학생들과 학부모들에게는 매우 생소한 교육체계이지만 최근 들어서 한국학생들의 미국 사립사관학교 지원이 지속적으로 증가하고 있다. 약 20년 전 내가 미국 사관학교에 입학했을 때만해도 일본과 대만 학생들은 종종 볼 수 있어도 나와 같은 한국 학생은 거의 없다시피 했다. 그러나 요즘은 웬만한 미국의 사립사관학교에 가면 한국인 학생을 한두 명은 꼭 찾아볼 수 있고 각종 행사에서 기수단이 들고 가는 국기들 중에서도 태극기를 종종 찾아볼 수 있다. 또한 한국 학생들이 워낙 우수하고 타에 모범이 되기 때문에 학교측에서도 한국인 학생들을 선호한다.

　한국 학생들이 점점 많이 입학한다는 사실은 그만큼 사립사관학교가 한국인들에게 맞는 교육체계라는 것을 증명해 준다고도 볼 수 있다. 사실 우리나라 사람들은 유교의 영향을 많이 받고 계급과 그룹 내 팀워크를 중시하는 사회에서 살기 때문에, 사립사관학교의 교육 및 생활환경은 언어와 체력적 요구사항만 좀더 신경 쓴다면 적응해 나가는 데 그리 어려운 곳은 아니다. 특히 교육시스템 자체가 공부를 하는 것에만 맞춰진 오늘날의 우리나라 교육환경과 비교했을 때 다양하고 체계적인 리더십 교육은 물론 튼튼한 체력과 정의롭고 맑은 정신배양을 중시하는 사립사관학교는 어린 나이에 넘쳐나는 에너지를 적절하게 발산하게 해주고 동시에 성숙한 성인으로 성장할 수 있는 최상의 교육환경을 제공한다.

미국 사립사관학교의 역사

2009년 봄 어느 신문에서 나의 눈을 놀라게 하는 기사를 하나 본 적이 있다. 한국에 초·중·고를 모두 통합한 사관학교를 설립하기 위해서 국방부가 검토를 하고 있다는 뉴스였다. 그 기사에는 미국의 사립사관학교를 졸업한 젊은 청소년들이 미국육군사관학교인 웨스트포인트에 진학해 훌륭한 군인으로 성장한 사례가 많기 때문에 최근 출산율 저하로 병역자원 확보가 어려우니 사관학교를 설립하면 우수자원 확보에 도움이 될 수 있을 것이라는 내용이었다. 좋은 생각이지만 이것은 미국의 사립사관학교의 역사적 배경과 실제로 미국의 사립사관학교가 추구하는 가치와는 다른 것이다.

사립사관학교는 유럽의 중세시대에 귀족들이 어린 나이부터 군사교육을 받았던 관습을 모태로 하여, 17세기에 귀족가문의 아들들을 훌륭한 군인으로 양성하기 위하여 정부의 예산을 받아 운영되는 학교들이 생겨나기 시작하면서 그 형태를 갖추기 시작했다. 유럽과 마찬가지로 미국의 사립사관학교도 일찍이 1774년에 샬롯 홀 밀리터리 아카데미를 필두로 조금씩 생겨나기 시작하다가 1800년대 중반부터 본격적인 학교설립 붐이 일어, 현존하는 미국에서 가장 오래된 사립사관학교인 카슨 롱 밀리터리 인스티튜트Carson Long Military Institute와 두 번째로 오래된 학교인 오크리지 밀리터리 아카데미Oak Ridge Military Academy가 이 시기에 설립되었고 이

후에 웬트워스 밀리터리 아카데미Wentworth Military Academy(1880), 뉴욕 밀리터리 아카데미New York Military Academy(1889), 텍사스 밀리터리 인스티튜트Texas Military Institute(1893), 컬버 아카데미즈Culver Academies(1894) 등이 연이어 설립되어 번성기를 이루었다. 그러나 사립사관학교들 대부분이 처음부터 사관학교로 시작한 것은 아니었다. 카슨 롱 밀리터리 인스티튜트도 1836년 개교했을 때는 고작 6명의 학생이 다니던 사립 라틴어 학교였다가 1919년부터 군사교육을 시작하였고, 한국전쟁이 끝난 1954년부터 JROTC 프로그램을 제공하기 시작했다.* 1852년에 설립된 오크 리지 밀리터리 아카데미도 1929년까지는 노스캐롤라이나 주에서 유명한 일반 사립 남자학교였다.

미국 각 주의 교육자, 지식인, 또는 전직 군인들이 설립한 이런 사립사관학교들은 1916년 미 의회를 통과하면서 그 실질적인 번성기를 맞게 된다. 미의회가 유소년 학생 군사교육단Junior Reserve Officers' Training Corps, JROTC 설치에 대한 조항이 포함된 1916년도 국가방위법National Defense Act of(1916) 개정안을 의결하여 전국에 산재해 있는 여러 사립사관학교들이 정부의 지원을 받게 되면서 크게 성장하기 시작한 것이다. 이들 학교들은 이미 군사교육을 학교 커리큘럼에 포함시켜 놓은 상태였기 때문에 미국 정부의 추가적인 예산지원은 큰 도움이 되지 않을 수 없었다.

이러한 미정부의 적극적인 지원과 시대적 상황에 힘입어 미국의 유명한 사립사관학교에 입학하는 학생들이 지속적으로 늘어났으며, 일부 학교에서는 규정 인원이 초과될 정도로 인원이 몰려 할 수 없이 학교를 확

* Association of U.S. Army : http://home.comcast.net/~scsloan/site/?/page/ROTC_Support/&PHPSESSID=a34ce36 0b8ca317cb88e16f074da4503

장한 학교들도 있었다. 내가 졸업한 캠퍼 밀리터리 스쿨^{Kemper Military School}의 경우 1차 대전 직전에 150명에 불과하던 학생수가 1차 세계대전이 발발하면서 500명 이상으로 급격히 증가했고, 2차 세계대전을 거쳐 한국전쟁이 일어난 1950년대 초까지 이 숫자를 유지할 수 있었을 만큼 사립사관학교의 인기는 실로 대단했다고 할 수 있다.

그러나 사립사관학교에 대한 인식은 베트남 전쟁 이후 급격하게 변화하였다. 베트남 패전 이후 보수적이던 미국 국민들의 시각이 진보적 성향으로 바뀌면서 군사교육 체계에 대한 불신도 자연적으로 커졌다. 이로 인해 전국적으로 산재해 있던 수백 개의 사립사관학교 중 450개 이상의 학교가 그 문을 닫았다. 또한 일부 사립사관학교에서는 학교를 유지

세인트 존스 노스웨스턴 밀리터리 아카데미
생도들의 1930~40년대 모습

하기 위해 일반 학교에서 적응하지 못하는 소위 문제아들이 군사교육을 받으면 제대로 된 인간이 될 수 있다는 식으로 학교 홍보를 하여 많은 사립사관학교들이 문제아들이 가는 학교로 인식되어 버렸고 이 때문에 미 전역에서 최고수준의 학교로 인정받는 사립사관학교들마저 잠시 이미 지상의 시련을 겪기도 했다.

미국 사립사관학교 현황

과거의 사립사관학교가 명문가 자제들을 훌륭한 군인과 리더로 양성하기 위한 기관이었다면, 오늘날의 사립사관학교는 일반 사립학교 커리큘럼에 청소년을 위한 인성 및 리더십 교육을 접목시킨 매우 긍정적이고 미래지향적인 교육체계로 인식되고 있다.

현재 미국군사학교협회Association of Military Colleges & Schools in the United States, AMCSUS 에 등록된 사관학교 수는 총 29개로, 이중 미국 본토에 위치한 보딩스쿨이 25개, 미국령 푸에르토리코와 캐나다에 위치한 학교가 각각 1개씩, 나머지 2곳은 사립학교이지만 기숙사가 제공되지 않는 데이스쿨Day-School 형태로 운영되고 있다. 보딩스쿨형 사관학교 중 유일한 공립학교는 뉴멕시코 주 로스웰에 위치한 뉴멕시코 밀리터리 인스티튜트New Mexico Military Institute로 주정부의 재정지원을 받고 있다. 한편 거의 대부분의 학교에서 미군에서 승인한 JROTC 프로그램을 제공하고 있으나, 일부 학교에서는 자체적으로 개발한 군사교육 프로그램을 운영하기도 한다.

사립 및 주립 사관학교 외에도 일반 공립학교에 JROTC 프로그램만 접목시킨 공립 사관학교도 존재한다. 이러한 공립 사관학교는 미국 전역

미국 내 사립사관학교 현황
(*보딩스쿨 중 유일한 공립 학교인 뉴멕시코 밀리터리 인스티튜트도 포함)

	학교명	소재지	학년	비고
1	에드머럴 파라것 아카데미 Admiral Farragut Academy	플로리다주 세인트피터스버그 St. Petersburg	Pre-K ~ 12	Navy JROTC 남녀공학 Boarding & Day
2	아미 & 네이비 아카데미 Army & Navy Academy	캘리포니아주 칼스베드 Carlsbad	7 ~ 12	Army JROTC 남자학교
3	캠든 밀리터리 아카데미 Camden Military Academy	사우스캐롤라이나주 캠든Camden	7 ~ 12	Army JROTC 남자학교 All Boarding
4	카슨 롱 밀리터리 인스티튜트 Carson Long Military Institute	펜실베이니아주 뉴블룸필드 New Bloomfield	6~ 12	Army JROTC 남자학교 Boarding & Day
5	챔버래인 헌트 밀리터리 아카데미 Chamberlain-Hunt Military Academy	미시시피주 포트깁슨 Port Gibson	7 ~12	자체 군사 프로그램 남녀공학 Boarding & Day
6	컬버 밀리터리 아카데미 Culver Military Academy	인디애나주 컬버Culver	9 ~ 12	자체 군사 프로그램 남녀공학 Boarding & Day
7	피시번 밀리터리 스쿨 Fishburne Military School	버지니아주 웨인스보로 Waynesboro	8 ~ 12	Army JROTC 남자학교 Boarding & Day
8	플로리다 에어 아카데미 Florida Air Academy	플로리다주 멜본Melbourne	6 ~ 12, Preschool	Air Force JROTC 남녀공학 Boarding & Day
9	포크 유니언 밀리터리 아카데미 Fork Union Military Academy	버지니아주 포크유니온 Fork Union	6 ~ 12 Post Secondary	자체 군사 프로그램 남자학교 Boarding & Day
10	하그레이브 밀리터리 아카데미 Hargrave Military Academy	버지니아주 채텀Chatham	7 ~ 12 Post Secondary	자체 군사 프로그램 남자학교 Boarding & Day
11	호우 밀리터리 스쿨 Howe Military School	인디애나주 호우Howe	5 ~ 12	Army JROTC 남녀공학 Boarding
12	라이만 워드 밀리터리 아카데미 Lyman Ward Military Academy	앨라배마주 캠프 힐Camp Hill	6 ~ 12	Army JROTC 남자학교 Boarding
13	마린 밀리터리 아카데미 Marine Military Academy	텍사스주 할린젠Harlingen,	8 ~ 12 Post Secondary	Marine Corps JROTC 남자학교 Boarding
14	매사누턴 밀리터리 아카데미 Massanutten Military Academy	버지니아주 우드스탁Woodstock	6 ~ 12	Army JROTC 남녀공학 Boarding & Day
15	미주리 밀리터리 아카데미 Missouri Military Academy	미주리주 멕시코Mexico	6 ~ 12 Post Secondary	Army JROTC 남자학교 Boarding

16	뉴멕시코 밀리터리 인스티튜트 New Mexico Military Institute	뉴멕시코주 로스웰 Roswell	2년제 대학 9 ~ 12	Army JROTC 남녀공학 Boarding
17	오크 리지 밀리터리 아카데미 Oak Ridge Military Academy	노스캐롤라이나주 오크리지 Oak Ridge	6 ~ 12	Army JROTC 남녀공학 Boarding & Day
18	란돌프-메이컨 아카데미 Randolph-Macon Academy	버지니아주 프론트로얄 Front Royal	7 ~ 12 Post Sec- ondary	Air Force JROTC 남녀공학 Boarding & Day
19	리버사이드 밀리터리 아카데미 Riverside Military Academy	조지아주 게인스빌 Gainesville	7 ~ 12	Army JROTC 남자학교 Boarding
20	세인트 케터린스 밀리터리 아카데미 St. Catherine's Military Academy	캘리포니아주 애너하임 Anaheim	K ~ 8	자체 군사 프로그램 남자학교 Boarding & Day
21	세인트 죤스 밀리터리 스쿨 St. John's Military School	캔자스주 샐리나 Salina	6 ~ 12	Army JROTC 남자학교 Boarding
22	세인트 죤스 노스웨스턴 밀리터리 아카데미 St. John's Northwestern Military Academy	위스콘신주 델라필드 Delafield	7 ~ 12	Army JROTC 남자학교 Boarding & Day
23	티엠아이-더 에피스코펄 스쿨 오브 텍사스 TMI-The Episcopal School of Texas *	텍사스주 산안토니오 San Antonio	6 ~ 12	Army JROTC 남녀공학 Boarding & Day
24	벨리포지 밀리터리 아카데미 Valley Forge Military Academy	펜실베니아주 웨인 Wayne	2년제 대학교 7 ~ 12	Army & Air Force JROTC 남녀공학 Boarding & Day
25	웬트워스 밀리터리 아카데미 Wentworth Military Academy	미주리주 렉싱턴 Lexington	2년제 대학교 9 ~ 12	Army ROTC & JROTC 남녀공학 Boarding & Day

* 텍사스 밀리터리 인스티튜트Texas Military Institute라고도 불리지만 위의 이름이 공식 명칭이다. 이 책에서는 이후에 TMI로 통일시켜 표기할 것이다. 미국 사립사관학교들은 역사가 오래된 만큼 명칭 또한 조금씩 변화를 거쳐왔기 때문에 주의해서 구분할 필요가 있다.

미국 내 공립사관학교 현황

	학교명	소재지
1	바타안 밀리터리 아카데미 Bataan Military Academy	뉴멕시코주, 앨버커키Albuquerque
2	카버 밀리터리 아카데미 Carver Military Academy	일리노이주, 시카고Chicago
3	시카고 밀리터리 아카데미 Chicago Military Academy	일리노이주, 시카고Chicago
4	마린 매스 앤드 사이언스 아카데미 Marine Math and Science Academy	일리노이주, 시카고Chicago
5	피닉스 밀리터리 아카데미 Phoenix Military Academy	일리노이주, 시카고Chicago
6	릭오버 네이블 아카데미 Rickover Naval Academy	일리노이주, 시카고Chicago
7	클리브랜드 주니어 네이블 아카데미 Cleveland Junior Naval Academy	미주리주, 세인트루이스St. Louis
8	포레스트빌 밀리터리 아카데미 Forestville Military Academy	메릴랜드주, 포레스트빌Forestville
9	조지아 밀리터리 아카데미 Georgia Military College	조지아주, 밀레지빌Milledgeville
10	프랭클린 밀리터리 아카데미 Franklin Military Academy	버지니아주, 리치몬드Richmond
11	케노샤 밀리터리 아카데미 Kenosha Military Academy	위스콘신주, 케노샤Kenosha
12	마린 밀리터리 아카데미 Marine Military Academy	텍사스주, 할린젠Harlingen
13	마린 아카데미 오브 사이언스 앤드 테크놀로지 Marine Academy of Science & Technology	뉴저지주, 샌디후크Sandy Hook
14	필라델피아 밀리터리 아카데미 Philadelphia Military Academy	펜신베니아주, 필라델피아Philadelphia
15	툴 밀리터리 마그넷 아카데미 Toole Military Magnet Academy	사우스캐롤라이나주, 찰스턴하이츠Charleston Heights

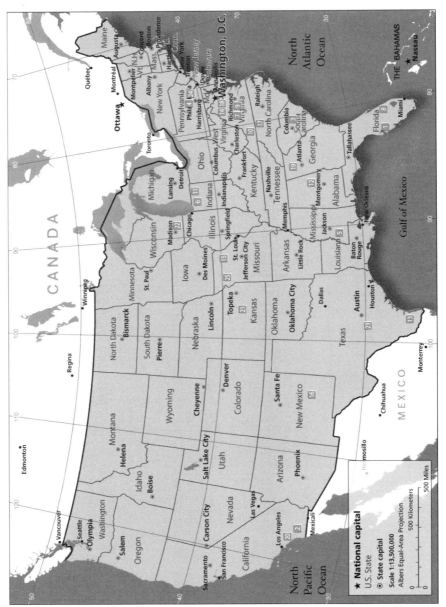

1 에드머럴 파라것 아카데미 **2** 아미 & 네이비 아카데미 **3** 캠든 밀리터리 아카데미 **4** 카슨 롱 밀리터리 인스티튜트 **5** 챔버레인 헌트 밀리터리 아카데미 **6** 컬버 밀리터리 아카데미 **7** 피시번 밀리터리 스쿨 **8** 플로리다 에어 아카데미 **9** 포크 유니언 밀리터리 아카데미 **10** 하그레이브 밀리터리 아카데미 **11** 호우 밀리터리 스쿨 **12** 라이만 워드 밀리터리 아카데미 **13** 마린 밀리터리 아카데미 **14** 매사누튼 밀리터리 아카데미 **15** 미주리 밀리터리 아카데미 **16** 뉴멕시코 밀리터리 인스티튜트 **17** 오크 리지 밀리터리 아카데미 **18** 란돌프-메이컨 아카데미 **19** 리버사이드 밀리터리 아카데미 **20** 세인트 캐터린스 밀리터리 아카데미 **21** 세인트 존스 밀리터리 스쿨 **22** 세인트 존스 노스웨스턴 밀리터리 아카데미 **23** 티앤아이-더 에피스코펄 스쿨 오브 텍사스 **24** 벨리포지 밀리터리 아카데미 **25** 웬트워스 밀리터리 아카데미

에 총 15개가 있는데 운영비 전액을 국가가 지원하기 때문에 학비가 무료라는 장점은 있지만, 교육수준은 비교적 낮은 편이다. 15개 학교 중 6개 학교가 일리노이주 시카고에 위치해 있다.

미국에는 각주마다 사관학교가 있는 것으로 잘못 알고 있는 사람들이 많은데 반세기전 사관학교가 크게 번성하던 시대에는 거의 각주마다 사관학교가 있었지만 지금은 그렇지 않다. 지리적으로는 버지니아 주에 가장 많은 사관학교가 있고, 그 다음으로는 캘리포니아, 플로리다, 인디애나, 미주리, 펜실베니아 등에도 2개 이상의 사관학교가 위치해 있다.

사립사관학교에는 어떤 학생들이 가나?

앞서 잠시 언급했듯이, 역사적으로 사립사관학교는 지역 유지 및 귀족 집안의 자제들이 어릴 때부터 리더십 능력을 키우고 유사시 군대를 지휘할 수 있는 능력을 키우기 위한 학교였었다. 그리고 남북전쟁과 그 이후 2차대전과 한국전쟁이 있었던 20세기 중반까지 노블레스 오블리제 Noblesse Oblige 의 기치 아래 부유층 및 지역 지도층 가문의 자제들이 앞다투어 사립사관학교에 입학하기도 했었다.

미국 땅에 뿌리를 내린 지 200년이 가까이 된 이런 사립사관학교의 전통은 계속 이어져 제 1, 2차 세계대전, 한국전쟁 당시 수많은 사립사관학교 졸업생들이 조국과 세계평화를 위해 자신들의 목숨을 기꺼이 바쳤고, 2차 대전 때는 맥아더 장군이라는 국가적 영웅을 탄생시키기도 했다.

또한 미국과 소련이 냉전에 접어들면서 소련 봉쇄정책을 주창했던 석학 조지 캐넌 George Kennan 프린스턴대 교수, 제1차 걸프전 당시 '사막의 폭풍' 작전을 총 지휘했던 노먼 슈왈츠코프 장군도 사립사관학교 졸업생이다. 그러나 오늘날의 사립사관학교는 다양한 장학금 및 지원제도를 바탕으로 부유층 자제들뿐만 아니라 중산층 가정의 학생들에게까지 그 문호가 대폭 확대되었다. 또한 공립학교나 일반 사립학교의 커리큘럼이 자신의 성격에 맞지 않거나 지루하게 느껴져 다양한 리더십 및 특별활동, 군대식 생활, 체력단련 등을 통해 청소년기에 넘쳐나는 에너지를 발산하면서 동시에 공부에도 집중할 수 있는 훌륭한 환경을 제공하는 사립사관학교를 학생 스스로 선택하는 경우도 점점 늘고 있다. 이런 덕분에 사립사관학교는 다양한 재능을 가진 우수한 학생들을 받아들일 수 있었고 그들의 심신을 훌륭하게 육성하여 현재 미국 사회를 주도하고 있는 인사들 중 상당수를 배출해냈다.

세계적으로 널리 이름이 알려진 수많은 기업인들은 물론 유명 정치인, 언론인, 작가, 프로 운동선수들 등 다양한 분야에서 사립사관학교 출신들이 활약하고 있다. 그 중 가장 우리에게 놀랍게 들려올 이름은 아마도 세계적인 부동산 재벌이며 미국에서 최고의 시청률을 자랑하는 텔레비전 프로그램 '어프렌티스The Apprentice'의 호스트인 도날드 트럼프일 것이다. 또한, 미국 문학 최고의 걸작으로 꼽히는 '호밀밭의 파수꾼'의 저자 샐린저J.D. Salinger도 사립사관학교를 졸업하였다.

이 밖에도 재산규모 57억불로 멕시코의 2대 재벌인 알베르또 바예레스Alberto Bailleres, 다국적 유아용 식품회사인 거버 베이비 푸드Gerber Baby Foods의 창립자인 다니엘 거버Daniel Gerber, 박찬호 선수가 투수로 있는 메이저리그 뉴욕 양키즈의 구단주 조지 스타인브레너George Steinbrenner, 미국의 대형

유통업체인 시어스Sears 전 회장 에드워드 텔링Edward Telling 등이 모두 사립
사관학교를 거쳐간 인물들이다.

무엇을 배우나?

이렇게 저명인사를 많이 배출했다고 해도 다른 좋은 사립학교도 많은
데 군이 아이가 힘들어할 수도 있는 군대식 사관학교에 보낼 필요가 있
을까 하고 생각하는 부모님들도 분명히 있을 것이다.

사립사관학교에서 가장 중점을 두고 있는 교육목표는 인성개발character
development, 리더십훈련leadership training, 학업성과academic excellence이다. 일반 공
립학교나 사립학교에서도 대부분 이와 비슷한 교육목표를 갖고 있겠지
만, 이 세 가지 목표를 달성하기 위한 사립사관학교의 교육 프로그램과
노력은 그 질적 수준이 일반 공립이나 타 사립학교와는 차이가 크다.

우선 사립사관학교는 200년에 가까운 시간 동안 젊은 청소년들이 책
임감 있고 조국과 가족 앞에서 명예를 지킬 줄 아는 훌륭한 미래 리더로
성장할 수 있도록 다양한 인성개발 및 리더십 교육을 개발해 왔다. 명예,
정직, 예절, 봉사, 절제 등 훌륭한 가치관과 인성 개발은 사립사관학교의
큰 장점 중에 하나이다.

아무리 요즘 중고등학생들이 똑똑하고 아는 것도 많다고 하지만, 명
예, 정직함, 봉사 등의 진정한 의미가 무엇인지 실제로 체험해볼 기회는
거의 없다. 그것은 너무나 자유로운 환경에서 학교를 다니는 일반적인
미국 학생들이나 아침과 저녁으로 부모님도 제대로 못보고 학원과 학교
를 오가며 고생하는 우리나라 학생들 모두 마찬가지이다.

현충원, 전쟁기념관, 노인정 일일 봉사 등의 체험으로 명예가 무엇인지 봉사가 무엇인지 제대로 느끼기란 너무 부족한 것이다. 사립사관학교는 이러한 일반학교의 빈틈을 충분히 메워 줄 뿐만 아니라 빈틈없고 체계화된 교육환경으로 어린 학생들이 공부에 더 집중하고 자아계발에 힘쓸 수 있도록 매우 효과적인 환경을 제공한다. 더불어 우수한 학업성과 달성을 위한 프로그램 또한 일반 공립 학교보다 우수하고, 다른 명문 사립학교와 비교해도 전혀 뒤지지 않는다.

사립사관학교는 공부를 잘하는 학생들에게는 명석한 두뇌를 바탕으로 막강한 리더십 능력을 배양하는 기회를 제공하며, 공부에 흥미를 못 느끼는 학생들에게는 다양한 자아계발 프로그램을 통해 자연스럽게 동기를 불러일으켜 스스로 공부를 하게 만들며, 내성적인 학생들은 각종

매사누턴 밀리터리 아카데미
대대본부 생도 참모들

미국 사립사관학교를 졸업한 저명인사 명단

	이름	학교명	비고
공직자	알렉산더 Alexander	Culver Military Academy	유고슬라비아 왕세자
	앨빈 폴 키친 Alvin Paul Kitchin	Oak Ridge Military Academy	전 미 하원의원
	C.루즈벨트 보티거 C. Roosevelt Boettiger	St. John's Northwestern Military Academy	Franklin Roosevelt 대통령의 손자, 전 미국 UN대표
	프랭크 화이트 Frank White	New Mexico Military Institute	전 Arkansas주 주지사
	제렐드 L.바릴레스 Gerald L. Baliles	Fishburne Military School	전 Virginia주 주지사
	아이크 스켈턴 Ike Skelton	Wentworth Military Academy & College	현 미하원 군사위원회 위원장
	라마르 스미스 Lamar Smith	Texas Military Institute	전 미 하원의원
	마르틴 토리호스 에스피노 Martin Torrijos Espino	St. John's Northwestern Military Academy	전 파나마 대통령
	시메온 2세 Simeon II	Valley Forge Military Academy	전 불가리아 국왕 · 총리(1943~1946 년 국왕, 2001~2005년 총리)
	윌리엄 쟁클로우 William Janklow	St. John's Northwestern Military Academy	전 South Dakota주 주지사
군인/우주인	알란 세퍼드 Alan Shepard	Admiral Farragut Academy	미국 최초 우주인, 해군제독
	알프레드C.리치몬드 Alfred C. Richmond	Massanutten Military Academy	전 미 해양경비대 사령관
	찰스 듀크 Charles Duke	Admiral Farragut Academy	미국 우주인(달탐사)
	클리프턴 케이츠 Clifton Cates	Missouri Military Academy	전 미해병대 사령관
	데이빗 L. 맥도널드 David L. McDonald	Riverside Military Academy	베트남전 당시 미해군참모총장
	더글라스 맥아더 Douglas MacArthur	Texas Military Institute	2차대전 태평양사령관, 한국전 UN총사령관
	개리 러프헤드 Gary Roughead	Valley Forge Military Academy	제29대 미해군참모총장
	잭 푸손 Jack Fuson	Missouri Military Academy	전 미육군 군수참모부장 (육군중장)
	노먼 슈왈츠코프 Norman Schwarzkopf	Valley Forge Military Academy	1차 걸프전 다국적군 총사령관 (육군대장)
	윌리엄 B. 컬드웰 William B. Caldwell	Hargrave Military Academy	미육군 중장, 현 아프가니스탄 합동안보전환 사령관
	코디 파울러 Cody Fowler	Missouri Military Academy	전 전미변호사협회 회장

법조인	스콧 스트리트 Scott Street	Hargrave Military Academy	전 Virginia주 변호사협회 회장
	윌리엄 베리 William Berry	Missouri Military Academy	전 Oklahoma주 대법원판사
기업인	알베르토 바예레스 Alberto Bailleres	Culver Military Academy	멕시코 2대 재벌
	오스틴 쿠쉬맨 Austin Cushman	New Mexico Military Institute	전 SEARS 대표이사
	버드 아담스 Bud Adams	Culver Military Academy	미 NFL Tennessee Titans 구단주
	제임스 버드 월튼 James Bud Walton	Wentworth Military Academy	세계 최대 할인마트 Wal-Mart 공동창립자
	콘라드힐튼 Conrad Hilton	New Mexico Military Institute	Hilton 호텔 창립자
	다니엘 거버 Daniel Gerber	St. John's Northwestern Military Academy	세계적인 Gerber Baby Foods 창립자
	도널드 트럼프 Donald Trump	New York Military Academy	세계적인 부동산 재벌, Trump International 회장
	도널드 타이슨 Donald Tyson	Kemper Military School	다국적 식품기업 Tyson Foods 회장
	에드워드 텔링 Edward Telling	Fork Union Military Military Academy	전 SEARS 회장
	프랭크 배튼 Frank Batten	Culver Military Academy	The Weather Channel 창립자
	조지 스타인브레너 George Steinbrenner	Culver Military Academy	미 메이저리그 New York Yankees 구단주
	하워드 휴즈 Howard Hughes	Missouri Military Academy	1900년대 초 미국 최고갑부, 항공재벌 Robert Hughes Jr. 의 부친
	제임스 E. 스토워스 James E. Stowers	Kemper Military School	American Century Investment 창립자
	노옴 브링커 Norm Brinker	Oak Ridge Military Academy	세계적인 레스토랑 체인 Chili's 소유주
	리처드 부텔 Richard Boutelle	Riverside Military Academy	전 Fairchild Engine & Airplane Corp 사장
	로저 루이스 Roger Lewis	Riverside Military Academy	AMTRAK 초대 회장
	빈스 맥마흔 Vince McMahon	Fishburne Military School	미 WWE 프로레슬링 회사 회장
언론문화예술	척 로버츠 Chuck Roberts	New Mexico Military Institute	CNN 수석 뉴스 앵커
	에드워드 알비 Edward Albee	Valley Forge Military Academy	작가, 퓰리처상 3회 수상
	진 시스켈 Gene Siskel	Culver Military Academy	유명 영화평론가, Siskel & Ebert 진행자

	J.D. 샐린저 J.D. Salinger	Valley Forge Military Academy	'호밀밭의 파수꾼' 저자
	샘 도널드슨 Sam Donaldson	New Mexico Military Institute	전 ABC News 수석 뉴스앵커
	윌 로저스 Will Rogers	Kemper Military School	휴머리스트, 정치평론가
운동선수	앤디 곤잘레스 Andy Gonzales	Florida Air Academy	미 메이저리그 야구선수
	데일 언하트 주니어 Dale Earnhardt, Jr.	Oak Ridge Military Academy	미국 NASCAR 프로 카레이싱 챔피언
	에디 조지 Eddie George	Fork Union Military Academy	NFL 선수, 95년도 하이즈맨트로피 수상자
	잭 햄 Jack Ham	Massanutten Military Academy	전 NFL 선수
	존 힐튼 John Hilton	Fork Union Military Academy	전 NFL 선수
	로저 스토벅 Roger Staubach	New Mexico Military Institute	전 NFL 선수, 명예의 전당
	토리 홀트 Torry Holt	Hargrave Military Academy	NFL 선수
	비니 테스타버드 Vinny Testaverde	Fork Union Military Academy	NFL 쿼터백

체육활동과 리더십 프로그램으로 점점 자신감이 넘치고 씩씩한 리더로 탈바꿈시키는 등 다양한 학생들에 맞는 검증된 교육 프로그램들을 적용하고 있다.

또한 사립사관학교는 그 어느 보딩스쿨보다 더 엄격하고 철저한 학생 관리체계를 갖고 있다. 자녀들을 어린 나이에 미국으로 유학 보내는 부모로서 아이들이 혼자 생활하면서 불안해 하지는 않을지, 부모와 떨어져 인성교육이 안 되어 아이가 삐뚤게 나가지는 않을지 걱정하지 않을 수 없을 것이다. 나아가 미국 유학생활을 하면서 미국 친구들을 많이 만들어야 하는데, 한국인이 그리워 한국사람들만 찾고 몇 안 되는 한국 친구들하고만 어울리다가 미국을 제대로 배워보지 못하고 오는 것은 아닐까 걱정하는 부모도 있을 것이다.

사립사관학교가 모든 학생들에게 맞는 곳은 아니겠지만, 이런 학부모들의 걱정을 덜어주고 아이들을 안심하고 맡길 수 있는 교육환경을 제공하고 있다는 것은 틀림없는 사실이다. 학생들에 대한 엄격한 관리체계, 긍정적인 사고와 팀워크를 강조하는 군사교육 및 생도생활로 아이들은 다른 유혹에 빠질 틈 없이 미래를 위한 자기계발에 집중할 수 있으며 사관학교라는 특성상 철저한 보고체계를 갖추고 있기 때문에, 생도들의 부모들은 학교로부터 자녀의 생활과 학업에 대한 자세한 소식을 수시로 접하며 안심할 수 있을 것이다.

미국 ABC 방송의 간판 뉴스 앵커인 샘 도널드슨은 한 인터뷰에서 14세에 시작한 자신의 사립사관학교 경험을 다음과 같이 말했다.

> "사립사관학교에서 나는 많은 것들을 배웠지만 그 중에서 가장 중요한 것은 승자가 되기 위해서는 누구나 자신을 훈련시키는 방법을 터득할 필요가 있다는 것이었다. 자신을 훈련시키는 것이란 자신이 인생에서 하는 모든 일에 대해 철저하게 계획하고 정리하는 것을 말한다. 이것은 자신을 위한 일이기도 하지만, 남을 배려하기 위함이기도 하다. 또한 사립사관학교는 나에게 내가 원하는 것만 하고 살 수는 없다는 진리도 가르쳐 줬다."

도널드슨의 회고에서도 느낄 수 있듯이, 사관학교는 공부벌레를 만드는 곳이 아니다. 사립사관학교는 공부뿐만 아니라 자신감과 책임감이 넘쳐나고 선의의 경쟁을 즐길 줄 아는 완숙한 인간이 되어 모든 면에서 성공적인 인생을 살 수 있도록 훈련시키는, 그런 전통이 숨쉬고 있는 곳이다.

2 사립사관학교 교육환경 소개 2

태동기였던 19세기에는 사립사관학교가 특정계층을 위한 교육기관이었다면, 오늘날의 사립사관학교는 책임감 있는 성인, 내일의 리더, 그리고 모범 시민을 양성하기 위한 특별한 교육기관으로 탈바꿈되어 그 자리를 확고히 지키고 있다. 사립사관학교에서는 일반 사립학교와 다를 바 없는 대학준비 교육과정 college preparatory programs 은 물론 일반 사립학교에서는 찾아볼 수 없는 강도 높은 리더십 및 체육 교육 프로그램을 제공한다.

현재 미국에는 보딩스쿨 형태의 사관학교와 공립 사관학교가 있으며 일반 공립학교 등에서도 미군에서 직접 개발하고 인증하는 JROTC 프로그램, 또는 자체 군사 및 리더십 교육 프로그램을 운영하고 있다.

이중에서도 생활 자체를 사관학교 방식으로 하는 사립사관학교의 생도가 얻을 수 있는 배움의 질과 범위는 공립학교의 교육 수준보다 훨씬 높다는 것이 일반적인 평가이다. 예를 들면 사립사관학교의 생도들은 생활 자체를 군대식으로 하지만 공립 학교에서의 JROTC 생도들은 학교가 끝나면 가족의 품으로 돌아가 일상적인 생활을 하기 때문에 사립사관학교에서 습득하는 새롭고 다양한 지식을 생활화 하기에는 한계가 있을 수밖에 없다.

사립사관학교의 교육환경은 우리가 통상적으로 알고 있는 장교 육성을 위한 대학과정 사관학교를 연상하면 된다. 실제로 총을 쏘거나 고된 야전훈련을 하지는 않지만 철저한 사관학교식 생활에 일반 보딩스쿨의 대학준비과정이 병행되는 것으로 보면 된다.

일반적인 교육환경

미국의 사립사관학교는 학교 특성상 미 연방정부 및 주정부 교육관련 기관은 물론 미군의 관리감독 하에 운영되고 있다.

이런 철저한 관리 하에 사립사관학교에서는 일반 학교과정 외에도 사관학교에서만 경험할 수 있는 특수교육 및 다양한 특별활동들을 제공하는데, 특히 대부분의 사립사관학교에서 생도들은 매일 규칙적인 체력단련Physical Training을 의무적으로 해야 하기 때문에 일반 학생들보다 체력이 월등해질 수밖에 없다. 입학 시 맥없이 보이던 학생들도 1년만 지나면 튼튼한 체력을 갖춘 생도로 변신한다(일부 학교에서는 아침 구보 등은 시키지 않기도 한다).

사립사관학교의 생도들은 입학 시 각각의 중대에 배정되어 적게는 2명, 많게는 4명의 생도들이 한 방에서 함께 생활하게 된다. 대부분의 사립사관학교에서는 기숙사를 도미토리dormitory(기숙사)라고 부르지 않고 배럭스^{barracks}(막사)이라고 부른다.[*] 그 이름에 걸맞게 막사 내에서는 절도 있는 자세로 생활해야 하며, 생도방은 엄격한 규정에 의해 매일 정리정돈되어야 한다. 상급생도는 매일같이 이런 정리정돈 상태를 검사하고 주기적으로 학교 전체 검열, 그리고 1년에 한두 번씩 미군 관계자들이 직접 학교를 방문해 실시하는 검열 또한 있다. 이렇듯 사립사관학교의 생활은 일반 사립학교보다 훨씬 더 엄격하며 생도와 관련된 모든 사항들이 철저한 군대식 보고체계에 의해 관리된다.

특히, 신입 생도들에 대한 교육은 뉴 캐데트 트레이닝^{New Cadet Training}이라고 불리는 신입생 훈련기간이 따로 있어 학교 입학 직후 학교생활에 대한 교육과 적응훈련을 받게 된다. 어린 나이이지만 사관학교에 자진해서 온 학생들은 대부분 이런 훈련을 매우 좋아하고 또 금방 적응을 한다. 뉴 캐데트 트레이닝은 생도가 되기 위한 첫 번째 관문이기 때문에 이 과정을 확실히 이해하고 가능한 빠른 시간 내에 노하우를 터득해야 생도생활을 잘 할 수 있다.

통상 4~6주 정도 진행되는 뉴 캐데트 트레이닝과 일상적인 생활의 엄격함은 사립사관학교 교육 커리큘럼에서 매우 큰 비중을 차지한다. 왜냐하면 사립사관학교의 교육목적 중 큰 부분을 차지하는 것이 책임감과 사명감으로 똘똘 뭉친 리더 양성, 그리고 튼튼한 체력의 배양이기 때문이다. 이를 위한 다양한 리더십 교육 및 스포츠 프로그램들이 진행되며, 생도들 간의 부대관리 관련 회의를 통해 어린 나이부터 조직운영 및 관

---

* 물론 기숙사라고 부르는 곳도 있지만 군사교육의 역사가 깊은 곳일수록 배럭스Barracks라고 부른다.

New Cadet Training

사립사관학교에서는 일반적으로 알고 있는 오리엔테이션 이외에도 'New Cadet Training'이라고 불리는 신입생도 교육을 짧게는 4주에서 길게는 6주까지 받아야 한다. 이것은 사립사관학교의 특성상 학교의 역사, 전통, 규정, 생도로서의 행동지침을 이해하고 습득함은 물론 사관학교에서 반드시 필요한 기초 제식훈련 및 체력형성을 위해 모든 사립사관학교에서 실시되고 있는 프로그램이다. 대부분의 사립사관학교에서 신입생 교육기간은 'New Cadet Training'이라고 부르나, 밸리포지 밀리터리 아카데미에서는 미 육군 및 해군사관학교에서 신입생을 일컫는 '프리브plebe'라는 단어를 그대로 인용하여 "프리브 피리어드Plebe Period"라고 부른다.

이 교육기간 동안 신입생도들은 새로운 삶에 적응하는 데 필요한 다양한 교육을 받게 된다. 우선적으로 학교 운영체계, 일일 생활, 학교규정, 생도로서의 자세 등에 대한 교육을 실시하여 사관학교 생도로서의 기본 치질을 갖추도록 한다. 그 다음 순서로는 학교의 역사, 전통, 자랑거리 등에 대한 교육을 통해 모든 신입생도들이 자신이 다니는 학교에 대한 자부심과 생도로서의 자긍심을 갖도록 한다. 또한 충성심, 책임감, 팀워크를 강화하고, 무엇을 하든 최선을 다해서 하는 긍정적인 정신을 갖도록 하는 다양한 프로그램을 제공한다. 마지막 코스에서는(각 학교마다 조금씩 차이는 있다), 생도들이 팀을 이뤄 진흙에서 함께 달리고, 구르고, 장애물을 통과하며 그 동안 쌓아온 정신적 육체적 기량을 테스트 받는다. 우리나라 학생들도 많이 가는 해병대 여름 극기훈련과 비슷하다고 보면 된다. 그렇다고 중고등학생의 나이에 감당할 수 없는 강도 높은 훈련을 받을까 염려할 필요는 없다. 모든 프로그램과 훈련들은 안전한 환경에서 이뤄지도록 철저하게 관리되고 있다.

신입생 교육기간이 끝나면 학교에서는 부모님, 친구, 지역 주요인사들을 학교로 초청하여 수료식을 개최한다. 집에서는 응석받이였던 아이가 어느새 늠름하고 의젓한 모습으로 나타나 부모님을 초롱초롱한 눈빛으로 맞이하고, 그런 자녀들의 모습에 감동하여 감격의 눈물을 흘리는 어머니들, 든든해진 아이의 어깨에 학교의 문장이 새겨져 있는 배지를 달아주면서 흐뭇해 하는 아버지의 모습 등. 신입생도 교육 수료식은 기쁨, 자부, 감격 그 자체이다. 사립사관학교와 리더 만들기의 기초는 바로 이 신입생도 교육 프로그램에 있다고 해도 과언이 아니다.

상. 교육 중인 웬트워스의 신입생들
중. 벨리포지 신입생의 헤어컷
하. 컬버 신입생도들의 행군 모습

리 능력을 키울 수도 있다. 그리고 부대 단위 별 전체회의 등을 진행하면서 조직에서의 올바른 행동요령을 익히고 조직 발전을 위한 창의적인 사고력이 발현되도록 유도하고 있다.

일반 사립학교에서도 학생회^{Student Government Association} 등을 통해 학생들이 학교 운영에 참여할 수 있도록 배려하고 있지만, 대부분이 학생들의 의견을 학교에 전달하거나 특정 행사를 계획하는 수준에서 끝나기 때문에 사립사관학교에서 생도들이 간부회의 및 부대별 회의에 참여하고 매일매일 생도대의 운영과 관리를 실제로 책임지면서 얻을 수 있는 경험과는 큰 차이가 있다. 예를 들어 생도 일등상사^{First Sergeant}는 중대원들의 생활을 관리감독하고 개별 생도들의 애로사항을 파악하여 중대장과 논의하고 학교측에 건의까지 할 수 있는 권한을 갖고 있다. 어린 나이에 수십 명이 넘는 생도들을 매일같이 지휘하고 관리할 수 있는 기회를 가진다는 것은 곧 사회로 진출하게 될 청소년들에게는 참으로 귀한 경험이 아닐 수 없다.

사립사관학교가 일반 학교와 차별화되는 또 한 가지는 미군의 기술발전 속도에 맞춰 사관학교 생도들이 접할 수 있는 첨단기술 관련 경험도 그 수준이 한층 더 높아지고 있다는 것이다. 생도들에게는 최근에 전세계를 놀라게 한 영화 트랜스포머^{Transformers}, 아이언맨^{Iron Man} 등의 영화에서 소개되는 미군의 최첨단 무기와 기술들을 실제 군사기지 및 연구소 방문 프로그램을 통해 직접 체험할 수 있는 기회가 많이 주어지며, 이러한 체험은 어린 생도들이 최첨단 과학기술에 대해 배우며 과학자 및 기술자가 되는 꿈을 키울 수 있는 좋은 환경을 제공한다. 또한 대부분의 사

상 컬버 밀리터리 아카데미
하 란돌프-메이컨 아카데미 전경

립사관학교들이 미군의 첨단화에 영향을 받아 매우 우수한 과학, 수학, 기술 관련 교육프로그램을 생도들에게 제공하고 있으며, 군사학, 전략, 리더십 교육 등 미래형 리더를 양성하는 데 매우 적합한 교육환경을 갖추고 있다.

주변 자연환경이 좋아야 긍정적인 삶과 좋은 아이디어 창출이 가능하다는 말을 따르기로 약속이나 한 듯, 대부분의 사립사관학교가 훌륭한 자연환경 갖추고 있다. 인디애나 주에 위치한 컬버 밀리터리 아카데미의 경우 학교 총면적이 약 220만평으로 우리나라 여의도 총면적과 비슷한 규모의 캠퍼스를 자랑하며 캠퍼스와 연결된 큰 호수에서 스쿠버, 요트 등의 다양한 수상스포츠를 즐길 수 있다. 버지니아 주에 위치한 포크 유니언 밀리터리 아카데미와 하그레이브 밀리터리 아카데미도 각각 약 120만평, 약 26만평의 넓은 캠퍼스를 보유하고 있다. 그밖에 벨리포지 밀리터리 아카데미, 란돌프-메이컨 아카데미, 에드머럴 파라것 아카데미 등도 주변 자연환경이 매우 훌륭하고 아름다운 곳으로 유명하며 생도들의 골프 교육을 위한 자체 9홀 골프코스를 보유하고 있는 학교도 있다. 또한 대부분의 사립사관학교가 1800년대 말에 지어진 학교들이라 19세기의 고풍스런 건축물들과 현대식 시설, 그리고 아름다운 자연환경이라는 3박자를 두루 잘 갖추고 있다.

생도의 일상생활

미국의 사립사관학교 교육체계는 생도들을 책임감이 투철한 미래형 리더, 심신이 건강한 국민, 훌륭한 협동정신을 갖춘 팀플레이어, 자신감으로 넘쳐나는 청년으로 양성하는 데 그 초점이 맞춰져 있기 때문에, 생도들의 학교생활 전체가 이러한 목표 달성을 위한 자체 가이드라인에 따라 매우 섬세하게 계획되고 운영된다.

우선 대부분의 사립사관학교는 통상 200~300여 명의 동료 생도들과 함께 기숙사 생활을 하게 된다. 일반 사립학교의 기숙사는 몇 가지 규정만 어기지 않으면 상당히 자유로운 생활을 할 수 있지만, 사립사관학교에서는 잠을 자는 것부터 식사를 하러 갈 때의 행동 요령, 수업간의 자세까지 모든 일상 생활에서 엄격한 규정과 시간 통제에 따라야 한다(신입생도들에 대해서는 더욱 엄격하다). 그리고 거의 모든 행동이 집단으로 이루어지기 때문에 학교규정에 보장되어 있거나 사전에 허가 받은 것 이외의 개인행동은 절대 용납되지 않는다.

사립사관학교에서의 하루 일과는 각 학교마다 조금씩 다르겠지만, 대부분 엄격하고 세부적인 군대식 시간표를 따르고 이런 사관학교의 일일 계획서를 데일리 오더Daily Order라고 부른다. 데일리 오더는 그 전날 각 중대에 배포되는데 계획서에는 식사시간, 청소시간, 수업시간, 체육활동시간, JROTC 훈련시간, 학습시간 등 모든 스케줄이 아주 세밀하게 적혀져 있다. 생도들은 이러한 계획표를 반드시 숙지하고 정해진 시간표 대로 움직여야 한다. 생도들의 생활 시간표는 각 학교마다 조금씩 차이가 있고, 일반 생도와 대학진학 준비를 해야 하는 상급반 학생들과의 시간표도 다르게 짜여진다.

일반적인 사립사관학교에서의 아침 일과는 06시에 기상을 시작으로 하여 06:20~30분경 아침점호(각 중대별 인원보고)를 하고 06:30이면 조식을 한

Culver Military Academy 일일 시간표

06:30	기상 (신입생은 건물 청소)
06:45~07:30	개인검열 및 조식
07:50~09:20	1차 수업시간
09:20~09:40	오전 휴식 및 스낵 (학생들을 위한 간식 제공)
09:40~11:20	2차 수업시간
11:20~13:20	3차 수업시간- 총 3개의 그룹으로 나누어 40분씩 점심 식사를 하게 됨
13:30~15:00	4차 수업시간
15:45~17:45	체육 및 클럽 활동, 드라마, 교내스포츠 연습, 자유시간 등
18:15	행진 및 석식 (화요일, 목요일은 생도대 전원 집합 후 행진)
19:30~21:30	자율학습 시간-도서관에서 공부를 하는 학생을 제외한 모든 학생들은 기숙사방 위치 -그룹 프로젝트에 참여하는 학생들은 별도의 회의실을 사용 가능
21:30~21:45	자유시간 (기숙사 외부로 이동 가능)
21:45	기숙사 외부로 이동 금지
21:45~22:15	기숙사내 자유시간 (기숙사 청소 및 신입생 교육)
22:15~점호	-기숙사 관리담당자가 전 방을 돌며 생도가 방에 있는지를 확인하는 시간임. - 23시까지 공부를 해도 되고 바로 취침을 해도 된다.
23:00	졸업반을 제외한 전원 소등(Lights Out)

Admiral Farragut Academy 일일 시간표

● UPPER DIVISION

06:15	기상
06:25	집합
06:35~07:00	조식 (Mess I)
07:05	생도방 및 기숙사 청소 / 개인정비
08:00~15:00	수업
15:05~15:35	생도별 개인지도 (Tutorial)
16:00~17:00	체육 (모든 생도대상)
17:00	개인정비
17:30~18:30	석식 (Mess III)
19:00~21:00	자율학습
21:30	일석점호.Call to Quarters (CQ)
21:45	소등/취침 (Lights Out)

● MIDDLE DIVISION

06:15	기상
06:40	조식 (Mess I)
07:05	생도방 및 기숙사 청소
07:25~07:55	생도별 개인지도 (Tutorial)
08:00~15:00	수업
15:05	개인정비
16:00~17:00	체육
17:00	개인정비
17:30~18:30	석식 (Mess III)
18:35	중대별 회의
19:00~20:30	자율학습
20:35~21:25	개인정비/방청소
21:30	일석점호
21:45	소등/취침

다. 조식은 통상 30분 안에 끝나며 학교 수업이 시작되는 08시까지는 기숙사를 정리정돈하고, 학교에 따라 수업에 적응을 못하는 학생들을 위한 오전 튜터링tutoring(개별지도학습)도 제공한다. 수업시간은 통상 08시에 시작하여 15시에 끝나고 체육시간이 시작되는 15시30분까지 보충수업을 하는 학교도 있다. 특히 대학입시를 위한 고등학교 과정에 있는 생도들은 저학년 생도들보다 공부할 수 있는 시간이 더 많이 주어지고 이러한 시간을 효율적으로 활용하도록 학교 자체적으로 독려한다.

수업이 종료된 15시경부터는 중대별 체육훈련PT: Physical Training이 실시되고 농구, 미식축구, 사격, 의장대 등 별도의 팀에 소속된 학생들은 그와 관련된 훈련을 하게 된다. 신입생인 경우 대다수의 사관학교에서 이 오후 체육시간을 활용하여 뉴 캐데트 트레이닝을 받게 된다. 저녁식사 전에는 약 1시간 동안의 자유시간이 주어진다. 대학진학을 준비하는 고학년 생도들은 오후 시간에 별도로 자율 학습시간과 미리 신청해 놓은 개인교습을 받기도 한다.

저녁 식사는 통상 18시를 전후로 시작되는데 식사 전에는 모든 생도가 한자리에 모여 생도 간부가 최상위 계급의 생도장교에게 인원보고를 하고 국기에 대한 경례를 한 후 메스 홀Mess Hall(사관학교에서 생도들이 식사를 하는 곳)로 이동을 하여 각 중대별로 식사를 하게 된다. 식당에 들어서면 생도 지휘관의 구령에 따라 손을 모아 식사 기도를 한 후 식사에 들어간다.

식사 후에는 통상 2시간 정도의 개별 공부시간과 튜터링 시간이 주어지고 학교마다 다르지만 성적이 우수한 학생들에게는 자유시간이 주어지기도 한다. 대학진학 준비반이 아닌 일반 생도들은 통상 10시 정각에

58
59

소등과 함께 취침에 들어가고, 대학진학 반은 11:30까지 개별 학습을 하는 곳도 있다.

과거에는 모든 생도들이 10시에 취침을 하도록 규정이 엄격하게 지켜졌지만, 요즘은 대학진학 경쟁이 매우 치열한 관계로 대학진학 준비를 하는 생도들에게는 더 많은 학습시간이 주어진다. 취침 시간이 엄격하게 지켜지던 과거 사립사관학교에서는 영어실력이 부족한 외국학생이나 학업을 제대로 따라가지 못하는 생도들이 밤새 불이 켜져 있는 화장실 변기에 앉아서 몰래 공부를 하다가 교관에게 걸려서 호되게 기합을 받는 경우도 있었다. 그러나 요즘에는 대부분의 사관학교에서 공부 시간이 부족한 대학 준비반 학생들과 좀더 공부를 하고 싶은 학생들을 위해 12시까지 추가 시간을 주고 있다.

주말 일과는 생도들의 휴식과 개인정비를 위해 주중 스케줄보다 느슨하게 짜여진다. 학교마다 규정이 다르지만 생도 장교들은 사복을 입고 외출이 가능한 곳도 있고, 그 외의 학생들은 운동, 컴퓨터게임, 취미생활 등을 하면서 시간을 보낸다. 또한 학교 주변의 시내로 나가 영화를 보거나 쇼핑을 할 수 있는 시간이 주어지기도 한다.

사립사관학교 운영진, 교사, 교관

학교마다 구성이 다르지만 대부분의 사립사관학교의 교장은 예비역 장군 또는 대령 출신이다. 생도들의 생활을 총괄 통제 및 관리하는 생도대장Commandant도 예비역 군인이며 통상 예비역 중령 또는 소령의 직책이다. 현재 준장급 이상의 예비역 군인이 교장을 맡고 있는 학교는 포크 유니언 밀리터리 아카데미(예비역 공군 중장), 미주리 밀리터리 아카데미(예비역 해병대 소장), 뉴멕시코 밀리터리 아카데미(예비역 미육군 주방위군 소장), 란돌프-메이컨 아카데미(예비역 미공군 소장)을 포함하여 총 4개이며, 나머지는 예비역 대령 또는 비군인 출신이 맡고 있다.

캘리포니아에 있는 세인트 케터린스 밀리터리 아카데미의 경우는 천주교 학교로 수녀가 교장을 맡고 있다. JROTC 교관은 교육의 특성과 미군의 규정 때문에 모두 예비역 군인이 맡고 있는데 통상 영관급 장교(소령~대령급)가 수석 교관으로 있으며, 위관급 및 부사관 출신 예비역 군인을 일반 교관으로 채용한다.

상당수 사립사관학교에서 교사들도 생도와 마찬가지로 제복을 입고 수업을 진행한다. 사관학교인 만큼 생도들이 교사를 대하는 행동에도 엄격한 규정이 있다. 수업을 시작하기 전 교사가 교실에 들어오면 가장 계급이 높은 생도가 'Attention!(차렷!)'을 외치고 수업준비 보고를 하면 수업이 시작되고, 교사가 'class dismissed(해산!)'라고 말하며 수업의 끝을 알리면 학생들은 교사가 교실을 나갈 때까지 차렷자세로 있다가 해산하게 된다. 학교에 따라서 교사에 대한 생도들의 행동을 아주 엄격하게 통제하는 학교가 있는가 반면, 교실에서만큼은 조금 더 유연하게 운영을 하는 학교도 있다.

교사들에 대한 학교 자체적인 관리 및 통제도 매우 철저하다. 미국의 사립사관학교에서는 우리나라에서 오늘날까지 종종 볼 수 있는 학생들에 대한 체벌이나 비인격적인 대우는 찾아볼 수 없다. 심한 체벌이 있을 경우는 바로 법적 책임을 묻고 학생에 대한 비인격적인 대우가 있었을 때는 학교 자체적으로 징계위원회를 열어 교사직 파면 등 강한 처벌을 받게 되기 때문이다. 또한 명예와 리더십을 가르치는 사관학교에서는 자신들이 가르치는 생도들에게 모범적인 행동을 하지 않는 교사들은 결코 용납되지 않는다.

한편 군 출신 교사 중에서 참전 경험이 있는 교사들은 생도들에게 더욱 더 많은 존경을 받는다. 국가를 위해 헌신했다는 사실만으로도 어린 나이의 생도들에게 우상이 되기 때문이다. 필자가 다녔던 사관학교의 교장도 초급장교의 신분으로 베트남전에 세 번이나 자원했던 예비역 대령이셨는데 생도들에게는 그야말로 살아있는 전설이자 영웅 같은 존재였다. 생도들 중에는 이러한 훌륭한 인생 선배들과 함께 생활하면서 인생의 가치에 대해 새롭게 눈을 뜨고 큰 전환기를 맞는 이들도 상당수 있다. 이렇게 감수성이 예민한 청소년기에 인생의 우상이 될 수 있는 훌륭한 리더들로부터 그들의 소중한 경험과 지식을 전달받을 수 있다는 것은 사립사관학교의 또 다른 장점이라고 하겠다.

사립사관학교 입학연령

미국 사립사관학교는 대부분이 중·고등학교 과정이지만 K~12, 즉 초등학교 1학년부터 고등학교 12학년까지 초·중·고 과정을 모두 제공하는 학교들도 있다. 대부분 초등학교 과정도 사관학교식 교육을 적용하고 있지만, 일부 학교는 초등학교 과정만은 일반 사립학교 방식으로 운영을 하기도 한다.

우리나라에서는 초등학생을 기숙학교에 보낸다는 것도 낯선 일인데 더구나 그 어린애들을 사관학교식 학교에 보낸다고 하면 대경실색할 부모들도 많을 것이다. 미국에서도 초등학생을 사관학교에 보내는 것이 아이들에게 정신적으로 부담을 줄 수 있다고 생각하는 부모들이 있는 반면, 어린 나이부터 사관학교에 보내 올바른 생활습관과 가치관을 심어주면 책임감 있고 성숙한 어른으로 빨리 성장할 수 있다고 믿고 사립사관학교에 입학을 시키는 어려운 결정을 하는 학부모들도 있다. 참고적으로 캘리포니아 주에 있는 천주교 기반의 세인트 케터린스 밀리터리 아카데미는 고등학교 과정을 제외한 초중등 과정만을 제공하는 유일한 사관학교다.

학생들의 관심도와 학부모의 결정에 따라 입학연령이 정해지겠지만, 사실 초등학교부터 자녀를 사관학교에 보내는 경우는 미국에서도 그리 많지 않다. 초등학교 때 보내더라도 빠르면 4학년 정도의 나이에 보내며, 대부분의 학생들은 중학교 junior high school 또는 고등학교 senior high school 레벨인 8~10학년에 사립사관학교에 입학을 한다. 고등학교 11학년 때 사관학교로 편입을 오는 학생들도 상당수 있는데, 조금 늦은 감은 있지만 그런 학생들은 스스로의 관심으로 편입을 선택하는 경우가 많기 때문에 대부분 적응을 잘하는 편이다.

외국학생의 경우 미국식 사립교육과 사관학교식 교육에 익숙치 않음은 물론, 국제학교나 외국어학교를 졸업하지 않은 학생들의 경우에는 영어의 장벽 때문에 일반 미국 학생들보다는 어쩔 수 없이 적응 속도가 조금 느린 편이다. 그러나 사립사관학교 대부분이 외국인 학생 비율이 10% 이상으로 일반 사립학교 평균과 거의 비슷하고 외국인 학생들을 위한 ESL^{English as a Second Language} 프로그램도 제공하기 때문에 사립사관학교에 관심이 있는 학생이라면 적응하는 데 큰 문제는 없다고 볼 수 있다. 또한 사립사관학교는 영어를 습득하는 속도에 있어서 일반 사립학교들보다 굉장한 장점을 가지고 있다. 사립사관학교는 한국학생끼리만 어울려다니는 폐단이 애초에 차단되고, 일정기간이 지나면 생도 분대장, 행정관, 주임원사, 소대장, 중대장, 대대장 등 동료 생도들을 지휘해야 하는 위치로 진급을 하기 때문에 정확한 영어구사력이 숙달될 수밖에 없다. 물론 요즘 우리나라 학생들은 국내에서 이미 매우 우수한 영어 실력을 쌓고 있기 때문에 적응속도는 더욱 빠를 것으로 생각된다.

외국 학생으로서 사립사관학교의 장점들을 충분히 활용하려면 적어도 9~10학년에 입학하는 것이 최적기라고 할 수 있다. 미군의 JROTC 교육프로그램은 물론 모든 사립사관학교의 자체 군사 및 리더십 코스가 4년 과정을 기준으로 만들어졌고, 사립사관학교의 진급체계 때문에 학교에서 요구하는 리더십 코스를 처음부터 이수하지 않은 생도들은 학교 내 리더십 포지션에 오르는 데 제한을 받을 수 있기 때문이다.

사립사관학교에서는 일반 학교에서 받을 수 있는 우등상, 표창 외에도 미군에서 수여하는 다양한 리더십 및 사관학교 생활과 관련된 훈장, 상, 표창들을 받을 수 있다는 것도 큰 장점이다. 예를 들어 육군 JROTC의 경우 맥아더재단의 맥아더장군상^{The MacArthur Award}과 미육군에서 JROTC 생도에게 수여하는 상 중에서 최고 영예의 상인 '미육군 JROTC 최고생도상^{US Army JROTC Superior Cadet Award}'을 수상한 학생은 일반 학교에서 1등으로 졸업하는 학생보다 더 높은 성과를 거둔 학생으로 평가되어 대학에 지원할 때

상. 에드머럴 파라컷 아카데미 수업시간
중. 컬버 밀리터리 아카데미 과학 수업
하. 란돌프-메이컨 아카데미 항공우주과학 수업

도 큰 플러스 요인이 된다. 한편 JROTC 프로그램이 아닌 자체 프로그램을 제공하는 학교들에서도 비슷한 수준의 상훈제도를 자체적으로 마련해 놓고 있다. 사립사관학교에서 받을 수 있는 상, 훈장, 표창의 종류에 대해서는 이 책의 제3장에 더욱 자세히 설명해놓았다.

학교 커리큘럼

사립사관학교 진학을 희망하는 학생들 또는 학부모 모두가 가장 관심 있어할 분야는 아마도 학교 커리큘럼일 것이다. 사립사관학교 생도들은 어떤 수업을 받는지, 다른 사립고등학교와 무엇이 다른지, 혹시 사관학교라는 특성 때문에 공부를 소홀히 하게 되는 것은 아닌지 등 관심과 함께 걱정부터 앞세우는 분들도 많을 것 같다. 그러나 그런 걱정은 기우일 뿐이라고 자신 있게 말씀드릴 수 있다.

사립사관학교의 교육 커리큘럼은 일반 사립고등학교와 별반 다를 것이 없다. 일반 사립고등학교에서 받을 수 있는 다양한 교과 과정을 제공하며, 대학 학점으로 인정받을 수 있는 AP Advance Placement 코스도 일반 사립학교와 마찬가지로 선택이 가능하다. 또한 사립사관학교 중 주니어 컬리지 Junior College (2년제 대학)가 함께 있는 학교에서는 듀얼 인롤먼트 dual enrollment 라는 프로그램을 통해 대학강의를 직접 수강할 수 있기 때문에 대학 진학 시 학점으로 바로 인정 받을 수 있는 장점도 있다. 한 예로 2년제 대학이 함께 있는 웬트워스 밀리터리 아카데미의 경우 32개의 AP 및 듀얼 인롤먼트 수업을 통해 실제 대학생들과 함께 대학강의를 들을 수 있는 기회도 가질 수 있다.

사립사관학교에서 제공하는 일반 수업들은 공립학교나 다른 사립학교와 큰 차이가 없다고 보면 된다. 아래의 표는 벨리포지 밀리터리 아카데미 학생들이 들을 수 있는 수업을 정리한 것이다.

KEY:
S=Standard Level
H=Honors Level
AP-=Advanced Placement

운전면허교육 Driver Education

영어 English
English 7/8 S
Language Arts 7/8 S
English I S/H
English 2 S/H
English 3 S/H
English 4 S/H
AP Literature AP
Public Speaking S
Creative Writing S
English Information Literacy S

ESL(외국인) English as a Second Language
ESL Grammar 1 & 2 S
ESL Composition 1 & 2 S
ESL Reading 1 & 2 S
ESL American History S
TOEFL Preparation S

외국어 Foreign Languages
French 1- 4 S/H
Spanish 1- 4 S/H
Russian 1 & 2 S/H
Chinese 1 & 2 S/H
Latin 1 & 2 S/H

역사 및 사회과학 History & Social Studies
Geography 7 S
Civics 8 S
Ancient World History S/H
Modern World History S/H
U.S. History S/H
AP U.S. History AP
Modern European History S/H
AP Modern European History AP
American Government S
Psychology S
Sociology S
World Religions S

수학 Mathematics
Math 7/8 S
Algebra I S/H
Geometry S/H
Intermediate Algebra II S
Algebra II S/H
Math Analysis S/H
Calculus (H) S/H
AP Calculus AP
AP Statistics AP
Business Math S

예술 Art
Art 7/8 S
Studio Art 1 S
Studio Art 2 S
Advanced Studio Art 1 S
Portfolio S

음악 Music
Music 7/8 S
Music Theory 1 S
Music Theory II S
Applied Music S
Field Music S
Regimental Band S

체육 Physical Ed & Health
Physical Education 7/8 S
Mandatory Athletics S
D Troop S
Paid Activities S
Health Education S
Advanced Health Seminar S

과학 Science
Earth Science 7 S
BioHealth 8 S
General Science S/H
Biology S/H
AP Biology AP
Biology 2- Anatomy & Physics S/H
Chemistry S/H
Physics S/H
AP Physics AP
Environmental Science S
Oceanography S
Computer Science S

캐플란 SAT 준비코스
Kaplan SAT Preparation

자료출처: "VFMA Courses At A Glance" Valley Forge Military Academy 홈페이지

커리큘럼 상 일반 사립학교와 다른 점이 있다면 미국방부와 각군에서 지원하는 JROTC 교육 과정을 의무적으로 이수해야 한다는 것이다. 공립학교에서도 관심 있는 학생들에 한하여 신청을 받아 JROTC 교육프로그램을 실시하지만, 사립사관학교에서는 독립적인 군사교육 프로그램을 운영하지 않는 이상 모든 학생들이 의무적으로 JROTC 교육을 받아야 한다.

JROTC 교육과정을 잘 모르는 사람들은 JROTC가 군인을 양성하기 위한 프로그램이라는 말들을 하는데 그것은 잘못된 생각이다. 물론 기본적인 군사교육이 포함되어 있지만, 대부분의 교육과정은 많은 인원으로 구성된 조직을 지휘, 관리, 운영할 수 있도록 체계적인 리더십 및 조직관리법을 가르치는 데 할애된다. 또한 JROTC는 국가에 대한 애국심, 국민으로서의 주인의식 및 의무, 사회에 대한 봉사정신, 조직생활의 실제 등 사회에 진출한 이후에나 배울 수 있는 다양한 지식과 인생살이의 노하우를 가르치는 프로그램이다. 교육프로그램의 세부 내용에 대해서는 제3장에서 더 자세한 설명을 하도록 하겠다.

일부 학교에서는 자체 교육시스템을 개발하여 학생들의 리더십 교육에 활용하고 있다. 이러한 학교들은 학교 교육철학과 전통에 맞도록 군사교육 시스템을 맞춤화한 곳으로 일부는 JROTC 보다 훨씬 더 체계적인 리더십 교육 프로그램을 제공하고 있다. 컬버 밀리터리 아카데미, 포크 유니언 밀리터리 아카데미, 하그레이브 밀리터리 아카데미 등이 자체 군사 및 리더십 교육 프로그램을 갖추고 있다.

특별활동 및 스포츠

정규 커리큘럼 외에, 주로 수업시간 종료 후 하게 되는 특별활동(co-curricular와 extra-curricular activities로 나뉜다)도 사립사관학교의 매우 중요한 부분 중 하나이다.

일반 사립학교와 마찬가지로 사립사관학교도 생도들이 자신이 관심 있는 분야를 선택할 수 있도록 상당히 다양한 스포츠 및 교양 프로그램을 제공하고 있다. 사립 고등학교에서 일반적으로 제공하는 음악 및 밴드, 펜싱, 합창단, 헬스, 무술, 테니스, 골프, 농구, 축구, 미식축구, 레슬링 등의 스포츠 프로그램은 물론 사관학교에서만 경험할 수 있는 사격팀과 의장대도 있다. 학교에 따라서 항공기 조종사 자격증 획득을 위한 비행훈련, 승마, 요트, 스쿠버 등의 고급 프로그램을 갖춘 곳도 있다. 스포츠 활동은 크게 두 종류로 나누어지는데 대외적으로 타학교와의 시합을 준비하는 바서티 스포츠varsity sports와 교내에서만 활동하는 인트라뮤럴 스포츠intramural sports가 그것이다.

의장대는 대부분 컬러가드Color Guard와 드릴팀Drill Team으로 나뉜다. 컬러가드는 학교 및 지역의 주요 행사 때나 부대 사열 시에 제일 앞에 서는 기수단을 말하고, 드릴팀은 각종 학교 및 지역 행사에서 총으로 절도 있고 아슬아슬한 묘기를 선보이는 의장대 시범단을 말한다. 의장대는 JROTC 생도가 가장 선호하는 코커리큘러Co-Curricular임과 동시에 가장 어렵고 도전 의식을 북돋우는 활동으로 그 선발 절차도 매우 까다롭다. 의장대에

* 'co-curricular'는 정규수업 후에 하는 활동이기는 하나 정규수업과 연계가 되는 수업/활동을 말하고, 'extra-curricular'는 학교클럽, 교내스포츠팀 활동 등 정규수업과 직접적인 관계가 없는 활동을 말한다.

상. 오바마 대통령 취임식 퍼레이드에 참여한 컬버 기마대
중1. 비행교육 중인 MMA 생도들
중2. TMI 컬러가드
하. 경기 중인 벨리포지 라크로스팀

대해 좀더 자세히 설명하자면, 컬러가드는 학교의 각종 행사는 물론 학교가 소속되어 있는 도시 및 주정부에서 주최하는 각종 공식 행사에 초청을 받아 미국 성조기와 주정부기와 학교기를 들고 행진하는 영광이 주어진다. 이러한 공식 행사는 물론 NBA, NFL, MLB 등 각종 프로 스포츠 게임에도 초청되어 특별한 경험을 쌓을 수도 있다. 통상 늠름한 신체조건과 생도로서의 자질이 출중한 학생이 컬러가드로 선발되는데 한번 컬러가드에 속한 생도들은 학교를 대표한다는 큰 자부심을 갖게 된다.

한편 의장대 활동 중에서 가장 힘들고 어려운 것은 아마도 드릴팀, 즉 의장대 시범단일 것이다. 드릴팀은 고난이도 묘기를 완성하기 위해서 팀원들의 마음과 행동이 모두 일치되어야 하기 때문에 그만큼 많은 시간과 노력을 필요로 하는 활동이다. 몇 시간 동안 무거운 총을 들고, 하늘로 던지고, 돌리고, 행진과 제식훈련을 반복하려면 튼튼한 체력은 물론이고 민첩함과 절도가 필수적이다. 이들 드릴팀은 학교가 속해있는 지역별, 주별, 전국 토너먼트에 참가할 수 있으며 전국 결승은 매년 봄 플로리다 주 데이토나 비치Daytona Beach에서 개최된다. 드릴팀은 이러한 혹독한 훈련과 완벽한 팀워크 때문에 많은 생도들의 선망의 대상이며 팀원들 스스로도 소수정예만을 위한 팀이라는 자부심이 대단하다.

사립사관학교의 규정

사립사관학교는 일반 학교보다 학생들의 생활과 행동에 대한 규정이 매우 엄격하다. 생도로서 착용해야 하는 제복을 입는 방법부터 상급자와 하급자에 대한 예절, 교실에서의 예절, 지휘체계간의 규정 등 생도들은 엄격한 학교의 통제하에서 생활하게 된다.

　생도들의 일상적인 행동을 관리 및 통제하기 위해 대부분의 사립사관학교에서 JROTC 규정에 따라 상점Merit/벌점Demerit 제도를 활용하고 있다. 규정을 잘 따르고 모범적인 행동을 보이는 생도에게는 상점을, 그렇지 못하는 생도에게는 벌점을 내리는 시스템으로 JROTC 프로그램을 제공하는 모든 학교에서 이 규정을 준수하고 있고, 이런 상점과 벌점은 JROTC 교관과 생도 장교만이 부여할 수 있다.

　규정의 엄격함 정도는 각 학교의 역사와 전통에 따라 조금씩 다르지만 대부분이 학교내 지휘체계를 무시하거나 상관(교사포함)에 대한 불손행위, 경례 원칙 미준수 등 생도로서 지켜야 할 기본적인 생활규정을 위반했을 때 벌칙Punishment이 주어진다. 벌칙 중에서 가장 흔한 것이 벌링Bull Ring인데 우리나라 군대로 치면 '연병장 돌기'라고 할 수 있다. 군대를 다녀온 사람이면 잘 알겠지만, 군대에서 병사가 규정에 위반되는 행동을 한 경우 지휘관의 지시에 따라 연병장을 몇 바퀴씩 도는 장면을 가끔 목격할 수 있다. 벌링은 JROTC의 규정에 명시되어 있는 생도에 대한 가장 흔한 벌칙 중 하나로 그 횟수는 생도에게 주어진 벌점을 기준으로 한다. 예를 들어 생도에게 주어진 벌점이 5점일 경우 5바퀴, 50점일 경우 50바퀴를 돌아야 한다. 벌점은 벌링을 돈 횟수만큼 차감된다. 벌점이 많을 경우 벌링은 물론 학교 청소, 시설물 수리 등의 작업에 참여하거나 사회봉사 활동을 하여 추가적으로 벌점을 차감시킬 수 있는 기회가 주어진다. 벌링은 모든 동료 생도들이 볼 수 있는 곳에서 벌을 받기 때문에 가장 쉬우면서도 생도들이 가장 받기 싫어하는 벌칙 중 하나다.

일부 사립사관학교에서는 벌링 외에도 지속적으로 규정위반을 하는 생도를 모아 별도 훈육을 시키는 모티베이션 플래툰^{motivation platoon}도 운영하고 있다. JROTC 외에도 자체적으로 군사교육 프로그램을 갖춘 학교들도 각 학교의 전통에 따른 상벌 제도를 운영하고 있다.

생도 명예선서

필자가 사립사관학교에 입학했을 때 가장 궁금하게 느꼈던 것 중 하나가 생도들이 입고 있는 제복 상의에 붙은 십자가 모양의 배지였다. 그 배지에는 God(신), Country(조국), School(학교), Home(가정)이라는 단어가 적혀 있었고, 그 배지를 착용하고 있는 생도들은 왠지 더 자신감이 넘쳐 보였다. 나중에 그것이 학교에 입학한지 1년이 넘은 학생들이 명예선서 후 받을 수 있는 '명예의 십자가^{Standard of Honor Cross}'라는 걸 알게 되었다.

미국의 많은 고등학교와 대학교에서 학생들이 학교 내에서 부정행위 및 불명예스러운 행동을 하지 않도록 교실 벽에 학생으로서 지켜야 할 사항들이 담긴 오너코드^{honor code}를 붙여 놓고는 하지만, 사립사관학교에서는 이보다 더 나아가 모든 생도들이 명예선서를 하도록 하여 자신들 개개인에 대한 명예는 물론 국가, 가족, 학교의 명예를 중시하면서 생활하도록 하는 데 많은 노력을 기울이고 있다.

사립사관학교 생도로서의 명예선서는 그저 학교 시험에서 부정행위^{cheating}를 하지 말고 거짓말 하지 말자라는, 지켜도 그만 안 지켜도 그만 식의 선서가 아니다. 생도가 직접 친필로 서명을 하는 명예선서는 생도들의 학교 생활에 큰 영향을 준다. 필자가 졸업한 사립사관학교에서는 미국 중서부 지역에서 가장 역사가 깊은 데스피언 홀^{Thespian Hall}에서 생도들의 부모님들을 모두 초청하여 선서식을 할 정도로 명예선서식을 매우 중요하고 의미 있는 행사로 여겼던 기억이 난다. 서명된 명예선서문은 학교 강당 벽에, 지난 오랜 시간 동안 선서를 이어온 선배 생도들의 친필 서명이 담긴 선언문들과 함께 나란히 걸려진다.

정직하고 명예스럽게 살아야 한다는 것은 상식이지만 그것을 너무나 당연하게 생각한 나머지 우리가 왜 그렇게 살아야 하는지 정확하고 논리적으로 교육을 받는 경우는 거의 없다. 그러나 사립사관학교에서는 어린 생도들에게 이러한 명예에 대해 지속적으로 가르침으로써 훌륭한 리더의 가장 기본적인 덕목은 명예의식이며 불명예스러운 행동을 할 경우 내 자신뿐만 아니라 자신이 사랑하고 아끼는 많은 사람들에 피해를 줄 수 있다는 것을 마음속에 새길 수 있게끔 돕고 있다.

필자는 사립사관학교 시절 제복 왼쪽가슴 밑에 '명예의 십자가'를 항상 착용하고 다녔다. 의무사항이기도 했지만, 그 십자가를 제복에 착용하는 순간 나는 이미 새로운 사람으로 느껴졌고, 명예선서를 한 생도로서 모범을 보여야 한다는 생각으로 끊임없이 스스로를 돌아보고 노력하여 남은 사관학교 생활을 후회 없이 마칠 수 있었다. 자라나는 청소년들이 올바르게 성장하기 위해서는 주입식 교육이 아니라 가슴으로 느낄 수 있는 교육이 필요하다. 미국 사립사관학교들은 이러한 '실제로 느끼는 교육'을 실천하고 있는 것이다.

상. 컬버 생도가 어머니와 함께 무도회 행사장에 입장하는 모습
하. 미주리 밀리터리 아카데미 생도와 밀리터리볼의 퀸

밀리터리볼Military Ball

밀리터리볼은 사립사관학교 생도가 가질 수 있는 매우 소중한 추억거리 중 하나이다. 볼이란 말이 들어갔다고 스포츠 경기를 연상하는 사람들도 있겠지만, 밀리터리볼은 군대식으로 치러지는 무도회를 의미한다. 미국의 일반 고등학교에 가면 주니어 프롬junior prom 또는 시니어 프롬senior prom이라고 하여 11학년, 12학년 학생들이 참가할 수 있는 무도회가 매년 열리는데, 미국의 고등학생들에게 프롬이 너무나 셀레이고 중요한 행사인 것과 같이 사립사관학교 생도들에게는 밀리터리볼이 연중 가장 손꼽아 기대되는 행사이다.

일반 고등학교와는 달리 대부분의 사립사관학교 무도회는 학교 선생님, 가족, 동문, 친구 모두가 참석할 수 있는 연중 가장 성대한 행사 중 하나이다. 생도들의 여자친구, 남자친구들이 미국 전국에서 비행기를 타고 날아오며 가족들이 전부 참석하기 위해 큰 트레일러를 빌려서 오는 경우도 있다.

참석자 입장식은 각 학교의 전통과 군대식 의전 절차에 따라 매우 위엄 있게 진행되지만, 일단 무도회가 시작되면 행사장은 최신 댄스와 랩으로 금세 들썩이며, 생도들은 평상시의 절도 있는 모습은 어디로 갔나 싶을 정도로 신나게 춤을 추며 즐긴다. 학교에서도 학생들의 사기증진 차원에서 마음껏 즐기고 스트레스도 풀 수 있도록 최대한의 배려를 한다.

3

리더십교육의 핵심, JROTC

미국 명문 사관학교들 중 자체 군사교육 프로그램을 갖고 있는 학교들
도 있지만, 대부분의 사립사관학교에서 미국방부의 지원을 받는 JROTC
프로그램을 채택하고 있다. 따라서, 미국의 사립사관학교의 생활방식
및 군사/리더십 교육체계에 대해서 이해하려면 JROTC를 알아둘 필요
가 있다.

　ROTC는 Reserve Officers' Training Corps의 약자로 우리나라에서는 '학
군단'으로 잘 알려져 있다. 사관학교가 아닌 일반 대학교에 진학한 대학
생들이 직업군인이 되거나 학자금 지원을 받기 위해 ROTC 교육을 받고
일정기간 직업 군인으로 복무하는 제도인데, 이러한 직업군인 양성 프
로그램을 중ㆍ고등학교 교육환경에 맞도록 수정해 적용한 것이 주니어
ROTC이다. JROTC는 생도들에 대한 군사교육뿐만 아니라 국가에
대한 충성심, 리더십, 학업 성과, 팀워크, 인내력, 절제력, 올바른 예절,
튼튼한 체력의 중요성을 가르치는 데 그 초점이 맞춰져 있다. 사립사관

학교의 생도라면 모두 JROTC 또는 자체적으로 개발한 군사교육 프로그램을 의무적으로 이수해야 한다

JROTC 프로그램은 1916년 미국 국가방위법^{National Defense Act}의 비준과 함께 설치되었고, 현재 미국 육군, 해군, 공군, 해병대, 해양경찰 본부에서 모두 자체 JROTC 프로그램을 개발해 지원하고 있다. 과거에는 대부분의 사립사관학교가 육군 위주의 교육 프로그램을 제공했지만, 현재는 해군, 공군, 해병대 JROTC 프로그램을 제공하는 학교도 생겨나 미국 청소년들 사이에서 큰 인기를 얻고 있다.

JROTC는 2009년도 기준으로 미국 전역에 걸쳐 총 3,414개 학교에서 채택하고 있고 미 국방부에서 매년 별도 예산을 편성하여 지원하고 있을 정도로 미국의 큰 정책 프로그램이다. 미국방성이 의회로부터 승인 받은 연간 예산만 3억5300만 달러, 우리나라 돈으로 하면 3,500억 원이 넘는 예산을 청소년들의 군사교육에 투자하고 있는 것이다.

미 육군에서 지원하는 프로그램의 경우 그 규모가 가장 큰데, 미 전역 1,645개의 사공립 학교에서 육군 JROTC 프로그램을 채택하여 학생들에게 제공하고 있고, 등록된 생도수만 해도 28만명이 넘는다. 공군 JROTC는 총 869곳의 학교에서 채택되어 총 10만2천명의 생도가 등록되어 있고 해군 JROTC는 총 639개 학교에서, 해병대 JROTC는 총 260개 학교에서 제공하고 있다. 해양경찰 프로그램을 제공하는 학교는 미국 전역에 단 1곳뿐인데 플로리다 주에 위치한 마스트 아카데미^{MAST Academy}가 바로 그곳이다.

대부분의 사립사관학교에서 JROTC 프로그램을 채택하고 있으며, 일

부 학교는 미국 각군 본부에서 우수 학교로 인정을 받아 우수한 성적으로 졸업한 생도를 실제 미 육해공군 사관학교에 추천할 수 있는 권한까지 가지고 있다. 한 예로 플로리다 주에 위치한 에드머럴 파라것 아카데미의 경우 해군 JROTC를 책임지고 있는 교수가 우수한 생도들을 선발하여 매년 미해군사관학교에 6명, 미공군사관학교에 5명, 미육군사관학교에 3명을 추천을 하고 있으며, 사관학교라는 특성 때문에 이 학교 외에도 거의 대부분의 사립사관학교가 이러한 추천 제도를 운영하고 있다.

한편 컬버 밀리터리 아카데미를 포함한 몇 개 학교에서는 JROTC가 아닌, 자체적으로 개발한 군사 및 리더십 교육 프로그램을 운영하고 있는데 대부분 JROTC 못지 않은 역사, 전통, 명성을 자랑하고 있기 때문에 특별히 차등을 두어 생각할 필요는 없다. 특히 컬버 밀리터리 아카데미의 군사리더십 교육은 미국 최고명문 사립학교들에서 벤치마킹할 정도로 그 명성이 아주 높다.

JROTC 교육 프로그램

미국 JROTC의 교육과정은 '임무duty, 명예honor, 국가country'를 중시하는 훌륭한 생도를 키우는 것은 물론 국가가 필요로 하는 모범시민 및 리더로서 성장하는 데 필요한 다양한 교육 프로그램을 갖추고 있다. JROTC 본부에 등록된 모든 학교는 각군에서 정한 규정에 따라 JROTC 교육을 실시해야 하며, 생도들의 리더십 관련 교과서 및 기타 교육용 자료는 미군 JROTC 예산으로 지원된다.

각군마다 JROTC 교육 프로그램이 조금씩 차이가 있기는 하지만 기본

사열 중인 에드머럴 파라컷 해군 JROTC 생도들
TMI 육군 JROTC 생도들의 행진 모습
벨리포지의 드릴팀 시범
피시번 생도의 체력훈련 모습

적인 교육 목표는 동일하며, 생도들의 다양한 능력 배양에 그 초점이 맞춰져 있다. 주요 교육 분야는 국민윤리, 애국심 배양, 리더십 및 비판적/창의적 사고력, 커뮤니케이션 능력, 튼튼한 체력, 상황 판단력 및 결정력, 긍정적 사고, 팀워크, 문제 분석 및 해결 능력, 자기관리 등으로 사회에 나가서도 바로 적용할 수 있는 다양한 분야에 대한 지식습득 기회를 제공하고 있다. 또한 각군마다 각자의 임무에 따른 특성이 있기 때문에, 일반적인 리더십 교육 외에도 정부 및 군의 조직체계, 군의 역사, 제식훈련, 생존법 및 응급처치법, 독도법, 조직관리, 첨단 군사기술, 행사기획 등도 배우게 된다.

육군 JROTC 교육프로그램(AJROTC)

미육군 JROTC 본부에서는 모든 생도가 Leadership Education and Training(LET)이라고 불리는 리더십 교육과정을 이수하도록 규정하고 있다. LET 1 ~ LET 4까지 총 4개의 수업이 있으며, 9학년부터 시작할 경우 LET 1로 시작으로 하여 12학년 때 LET 4 과정을 끝내게 된다. 학교에서 생도 대대장 등 학교운영과 생도관리에 대한 정책결정 및 지휘에 직접 참여하는 생도의 경우 LET 4의 고급반(Advanced LET 4)과정을 이수해야 한다.

■ Leadership Education & Training 1(LET 1)

LET 1은 JROTC의 가장 기초적인 과정으로, 생도로서 생활하는 데 필요한 다양한 노하우를 가르치는 것이 이 교육과정의 핵심이라고 하겠다. 제식훈련, 행동지침, 군대의 문화 및 관습, 리더십 교육, 자기관리, 효과적인 학습방법 및 노하우, 문제해결 등의 교육과정이 포함되어 있다.

■ Leadership Education & Training 2(LET 2)

LET 2는 JROTC 중등반 기초코스로 생도가 분대 또는 팀의 일원으로서 갖춰야 할 리더십 능력을 배양하는 데 그 초점이 맞춰져 있다. 전문화된 체육훈련, 제식 및 행사 관련 훈련, 응급처치법, 독도법 기초교육, 정부체제, 리더십 이론 등이 포함되어 있다. 팀 리더 또는 팀원(분대장 등)의 역할을 하는 생도를 대상으로 실시된다.

■ Leadership Education & Training 3(LET 3)

LET 3 코스는 소대 또는 분대 단위의 팀 리더 역할을 하는 3년 차 생도들을 대상으로 실시된다. 지휘원칙, 간부로서의 신조, 리더십 전략, 임무 규정, 지휘판단, 제식 및 행사관련 훈련, 커뮤니케이션, 기획 노하우, 시간관리, 에티켓, 재무계획 등에 대한 교육을 주로 받게 된다. 이 과정은 주로 분대장 또는 소대 생도 부사관을 대상으로 실시한다.

■ Leadership Education & Training 4(LET 4)

LET 4는 JROTC의 최종 과정으로 LET 교육과정을 통해 습득한 리더십 지식을 실무적으로 적용하는 데 필요한 교육 프로그램으로 구성되어 있다. 미국방부 및 각군의 조직체계, 리더십 지식 실무 적용 및 방법, 제식 및 행사관련 훈련, 커뮤니케이션, 팀원들에 대한 지휘, 교육 및 상담 방법 등에 대한 교육을 받는다. 통상적으로 소대장, 소대 선임하사, 분대장들을 대상으로 한다.

■ Leadership Education & Training 4 Advanced(LET 4 고등반)

LET 4 고등반 교육과정은 JROTC 생도 중 고위 지휘관 레벨에 있는 생도들을 대상으로 실시된다. 이러한 생도들은 생도대의 모든 활동 및 행사를 기획, 조율, 실행하는 임무를 맡고 있고, 생도와 관련된 상훈, 생도 생활에 대한 평가, 진급, 기술, 군수 등 생도대 운영 전반에 대한 책임을 진다. 통상적으로 생도 연대장, 대대장, 중대장, 참모, 중대일등상사 등이 교육 대상이다.

공군 JROTC 교육프로그램(AFJROTC)

공군 JROTC도 육군의 것과 마찬가지로 총 4개의 교육과정을 거쳐야 한다. 단 각군의 특성 때문에 리더십을 제외한 세부 프로그램 내용에는 약간의 차이가 있다. 특히 공군과 해군의 경우 일반적으로 첨단과학기술 활용비율이 육군보다 월등히 높기 때문에 기술 및 과학에 대한 교육과정이 많은 편이다.

육군 JROTC 교과과목명이 Leadership Education & Training인 반면 공군에서는 Aerospace Science(항공우주과학, AFJROTC)프로그램으로 불린다. AFJROTC의 생도들은 각 과정마다 항공우주와 관련된 역사와 기술을 배우며 이런 교육 과정에 리더십 교육프로그램이 함께 포함되어 있다.

■ AEROSPACE SCIENCE: HISTORY(항공우주학 1: 역사)

★ Aerospace Science 1 : 항공우주의 역사에 대한 교육이 이뤄진다. 제1차대전까지의 인간비행의 역사/제2차대전까지의 항공과학기술의 발전 및 공군력 개발사/제2차대전 후 한국전 및 베트남전 시대에서의 항공기술의 중요성/오늘의 항공기술의 역할 및 중요성(인도적 수송지원, 현대전 적용 등)

★ Leadership Education 1 : 공군의 미국 국기에 대한 예절, 경례 방법, 권위에 대한 존중, 국가에 대한 충성 등 공군의 관습 및 예절에 대한 교육을 받는다. 제복 착용 규정 및 방법, 학습습관, 시간관리, 자살방지, 금연, 윤리, 마약 및 음주, 응급처치 등의 교육 프로그램이 포함되어 있다.

■ AEROSPACE SCIENCE: SCIENCE(항공우주학 2: 과학)

★ Aerospace Science 2 : 비행기술에 대한 교육 프로그램이 주를 이룬다. 기상 등 비행에 미칠 수 있는 다양한 비행환경을 공부하는 '항공우주 환경,' 의약품 및 인간공학 등 항공우주와 관련된 생리학을 공부하는 '비행에 대한 인간의 필수요건,' 공기역학과 대기상태와의 관계 등을 공부하는 '비행의 원칙,' 정확하고 안전한 비행에 필수적인 비행계기 및 항법장비 사용 등에 대해 교육하는 '항법 기초' 등 총 4가지 세부 교육과정으로 나

닌다.

★ Leadership Education 2 : 공공연설, 비언어 의사소통방법, 조
직 행동양식, 기초 리더십 개념에 대한 교육으로 생도대에서
특정 지휘 및 관리 권한을 갖고 있는 생도들을 대상으로 실시
된다.

■ AEROSPACE SCIENCE: SPACE(항공우주학 3: 우주)

★ Aerospace Science 3 : 이 과정은 우주에 대한 총 4개의 세부교
육으로 구성되어 있다. '우주환경' 코스에서는 태양계 및 우주
개발과 관련된 다양한 도전에 대한 교육, '스페이스 프로그램'
코스에서는 미국 및 국제 우주개발 노력에 대한 교육, '우주기
술' 코스에서는 우주 개발 및 우주시스템의 여러 요소들을 활
용하는 다양한 기술에 대한 교육, '우주개발' 코스에서는 미국
의 유인 우주탐사 역사 및 우주법 제정 필요성에 대한 논의와
토론이 이뤄진다.

★ Leadership Education 3 : 국민소양, 개인상담, 기초 재무학, 스
트레스 관리 등에 대한 교육이 이루어지며, 이러한 교육을 통
해 생도들은 동료 생도 및 부하 생도들에 대한 관리에 필요한
필수 지식을 습득하게 된다.

■ AEROSPACE SCIENCE: OPTIONS(항공우주학: 선택과목)

★ AFJROTC 4년 차 교육과정은 총 3개의 옵션 중 각 학교의 특성

및 사정에 적합한 하나의 교육과정을 선택할 수 있다. 사관학교의 특성상 생도대 운영이 매우 중요하기 때문에, AFJROTC를 제공하는 사립사관학교에서는 주로 '생도대 운영관리 및 생도대 운영원칙'에 대한 실무 교육훈련 코스를 채택하고 있다. 그러나 학교에 따라서 '조종사 기초교육 과정'이나 '항공우주기술 관련 실험' 코스를 채택한 곳도 있다. 특히 조종사 기초교육과정은 미연방항공청의 인증을 받은 교관이 직접 교육하도록 규정되어 있으며 이 코스가 끝나면 미연방항공청^{Federal Aviation Administration, FAA}의 조종사 필기시험에 응시하여 합격할 수 있는 수준의 지식을 습득할 수 있다.

해군 JROTC 교육프로그램(NJROTC)

해군 JROTC 코스는 AJROTC, AFJROTC와 마찬가지로 총 4개 과목이 있으며 코스명은 'Naval Science^(해양과학)'프로그램으로 불린다. JROTC의 공통적인 교육 초점인 다양한 리더십 및 국민윤리 교육 외에 해군의 특성에 맞는 다양한 교육 코스를 제공한다. 특히 해군사, 항해술 및 선박조종술, 천문학을 이용한 항해법, 전자공학, 해양학 등은 생도들의 지식수준을 높여줄 뿐만 아니라 젊은 생도들의 흥미를 돋우고 꿈을 실어주는 데 큰 역할을 하고 있다.

■ NAVAL SCIENCE 1

해군 JROTC의 첫번째 코스로 국민윤리, 리더십 요소, 건강한 생활방법(올바른 운동방법, 식생활, 스트레스 관리법 등), 마약퇴치 관련 교육, 응급처치법, 지리학, 생존법, 해군 함정 및 항공기에 대한 기본적인 교육이 이루어진다. 세부적으로는 리더십, 국민윤리, 미국정부, 피트니스, 응급처치법 및 식습관, 운동 및 마약퇴치, 지리학 기초, 오리엔티어링, 생존법, 독도법, 재무기초, 해군소개 등의 과목으로 구성되어 있다.

■ NAVAL SCIENCE 2

이 코스에서는 Naval Science 1에서 습득한 기초지식을 토대로 국민윤리 및 리더십에 대한 조금 더 전문화된 교육을 받게 되며, 해양 기술, 미해군 역사, 국가안보적 차원에서의 해양의 효율적인 관리의 중요성에 대해 배우게 된다. 세부과정에는 리더십, 미해군사(독립전쟁부터 현재까지), 해양학, 기상학, 천문학, 자연공학 등이 포함된다.

■ NAVAL SCIENCE 3

이 과정은 Naval Science 1 & 2를 통해 습득한 리더십 관련 지식을 실무에 적용하는 데 초점이 맞춰져 있다. 팀워크의 개념 및 중요성, 해군력과 국가안보의 중요성 등에 대한 교육을 받는다. 세부 과목으로는 해군력과 국가안보, 해군작전 및 지원기능, 군법, 해양사용과 관련된 국제법, 선박건조 및 피해관리, 함정 조직체계, 기초 선박조종술, 항해법, 해양무기 및 항공기 등이 있다. 리더십,

국민기본소양, 자기수련 등에 대한 교육도 계속된다.

■ NAVAL SCIENCE 4

Naval Science 4는 지휘관 위치에 있는 생도들을 위한 고등 리더십 교육에 초점이 맞춰져 있다. 리더로서의 지휘요령은 물론 동료 및 후배 생도들에게 동기부여를 하는 방법, 그룹 활동에 대한 목표설정 방법, 리더로서 모범을 보이는 방법 등을 배우고 지휘능력에 대한 평가를 받으면서 스스로 자신의 능력을 분석하고 발전시킬 수 있는 기회를 제공한다. 또한 다양한 세미나, 브리핑, 후배 생도들에 대한 다양한 실무 지휘 및 관리 경험을 습득하게 된다. 이 과정은 통상 졸업반 학생들이 받는 교육으로 대학진학 준비를 위한 다양한 교육 프로그램도 포함되어 있다. 세부 과정으로는 리더십 이론 및 실무적용, 교육훈련 방법, 성과평가 등이 있다.

해병대 JROTC 교육프로그램

해병대 JROTC 또한 AJROTC, AFJROTC, NJROTC와 유사한 4개의 교육과정(공식명칭: Leadership Education, LE)을 제공하고 있다. 해병대와 관련된 역사 및 조직체계에 대한 교육을 제외하면 해군 JROTC 교육과정과 비슷한 형식으로 구성되어 있다.

JROTC 제복

사립사관학교의 생도로 입학을 하게 되면 다양한 종류의 제복을 지급

미국 사립사관학교의 다양한 제복들

받는다. 평상시 입고 다니는 제복, 교내 외 주요 행사 시 입는 제복 등 통상 3개 정도의 제복이 있다. 사립사관학교마다 제복 착용 규정은 조금씩 다르다. 수업 시간에도 반드시 제복을 입어야 하는 학교가 있는가 하면, 조금 더 편안한 옷을 입도록 하는 곳도 있다.

JROTC 상훈

사립사관학교에는 일반 학교에서는 상상할 수 없을 정도의 매우 다양하고 잘 정립된 상훈제도를 갖추고 있다. 일반 학교에서는 성적이 우수한 학생이 주연이 되지만, 사립사관학교에서는 학업 성적뿐만 아니라 생도로서의 자세, 지휘력, 팀워크, 리더로서의 자질 등을 종합적으로 평가하여 상을 주기 때문에 더욱 더 큰 가치를 지닌다.

우리나라 육군사관학교에도 성적, 리더십 등을 종합적으로 평가하여 대표화랑을 선정하듯이, 육군 JROTC에서 가장 영예로운 상은 대통령, 주지사 등이 주는 성적우수상이 아닌 최고생도상Superior Cadet Award과 맥아더장군상The MacArthur Award이다.

공군 JROTC의 경우는 영웅적인 행동과 주어진 임무 외에 특별한 공로를 세운 생도들에게 주어지는 3개의 상을 제외하면, Air Force Association Award(미공군협회상, 미육군의 최고생도상과 동일), Daedallian Award(직업군인이 되기로 결정한 11학년 생도 중 1명에게 수여), American Region Scholastic Award(성적 상위 10%, JROTC 평가점수 상위 25%)가 가장 영예로운 상이다.

해군 JROTC의 경우에는 특별한 경우에만 수여되는 Meritorious Award와 Distinguished Unit을 제외하면 Distinguished Cadet Award(육군 JROTC

의 최고생도상과 동일)과 Honor Cadet(최우수 성적상)가 가장 영예로운 상이다.

■ The MacArthur Award(맥아더장군상)

맥아더장군상은 미군에서 수여하는 상훈이 아닌 맥아더재단^{The} MacArthur Foundation에서 직접 수여하는 상으로 최고생도상과 함께 생도가 받을 수 있는 가장 영예로운 상 중 하나이다. 이 상은 미국사관학교협회(AMCSUS) 가입된 사관학교의 생도들 중 맥아더 장군이 텍사스 밀리터리 인스티튜트 및 웨스트 포인트에서 생도로서 보여준 리더십 자질과 견줄 만한 평가를 받는 생도를 매년 각 학교마다 1명씩 선정하여 수여한다(대학과정이 함께 있는 사관학교의 경우 이 상은 통상적으로 대학교 ROTC 생도에게 수여되며, 고등학교 레벨인 JROTC 생도 중 최우수 평가를 받은 생도에게는 다음에 설명된 최고생도상이 주어진다).

■ Superior Cadet Award(최고생도상)

JROTC 레벨에서 공식적으로 받을 수 있는 최고 영예상은 최고생도상Superior Cadet Award이다.[*] 육군 JROTC의 경우 미육군성의 JROTC 규정에 따라 각 LET(Leadership Education Training) 레벨마다 1명의 생도를 선발하여 수여한다. 생도의 계급에는 제한이 없으며 자신이 속한 LET 과정에서 상위 10%, 전교에서 50% 안에 드는 생도 중 JROTC 수석교관의 추천을 받아 선정된다. 주로 총 5개의 항목에

---

* 순서상으로는 생도영웅훈장이 최고영예의 상이기는 하나 매우 특별한 경우에만 수여되는 상이기 때문에 수상자를 보기 드물다.

서 가장 높은 종합점수를 받은 학생이 추천되는데, 구체적으로 군사교육 및 학교 성적이 각각 50점, 군사 리더십 50점, 학교 리더십(성적 외에 각종 학교 서클 및 스포츠 활동에서의 리더십) 50점, 미래 장교로서의 자질 100점을 기준으로 평가된다. 한편 최고 생도에게 주어지는 이와 같은 상을 공군은 Air Force Association Award, 해군은 Distinguished Cadet Award로 부르며, 수상자 선정 기준에는 약간의 차이가 있다.

JROTC 흉장(JROTC Ribbons)

군인들은 정복을 입을 때 왼쪽 가슴에 군인으로서의 참전경험, 주요 보직, 성과 등을 나타내는 가지각색의 흉장을 부착하게 되어 있다. 이것을 리본ribbon이라고 하는데 JROTC에서도 정복을 입을 때 반드시 리본을

에드머럴 파라것의 NJROTC 흉장

착용하도록 규정하고 있다. 어떤 JROTC 생도의 제복에 흉장이 많이 붙어 있다면 단순히 그가 고참 생도라는 뜻도 되지만, 더불어 그를 우수하고 모범적인 생도라도 판단해도 무방하다. 사관학교에서는 JROTC 교육 훈련과 드릴팀과 같은 JROTC 특별활동에서 우수한 성과를 낸 생도들을 선정하여 매학기, 혹은 매년 다양한 상을 수여하는데 이때 흉장도 함께 수여된다. JROTC에서 받을 수 있는 모든 흉장은 JROTC 수석 교관과 생도대 간부들의 동의가 있어야 한다. 그리고 대부분의 흉장 수여 대상은 JROTC 규정으로 정해져 있지만 일부 흉장은 JROTC 수석 교관이 학교 특성에 맞게 선정한 것들도 있다.

흉장은 생도 개개인의 능력은 물론 학교와 동료 생도들이 자신을 어떻게 평가하고 있는지에 대한 표식이기 때문에 그 착용에 대한 규정은 매우 엄격하다.

4

나에게 맞는 사립 사관학교 고르기

사립사관학교 선택 시 필수 고려사항 10가지

이 책을 여기까지 읽었다면 지금쯤 미국의 사립사관학교가 대충 어떤 곳인지는 이해했을 것으로 생각된다. 하지만 사립사관학교는 일반 학교와 비교했을 때 개성이 매우 뚜렷한 특별한 교육기관이라는 사실을 재차 말하고 싶다. 그곳에서의 생활이 멋질 것 같아 무작정 입학을 결정하는 것도 안되겠지만, 학교 생활이 힘들 것 같아 지원조차도 안 하기에는 장점이 너무나 많은 곳이 또 사립사관학교라는 곳이다.

일단 사립사관학교 입학을 결정했다 하더라도 어떤 학교를 선택할 것인지에 대해서도 학생이나 학부모들이 사전에 신중하게 검토하고 고려할 것들이 있다. 일반 사립학교와는 달리 사립사관학교는 학생들의 생활 측면에서 매우 특수한 학교이기 때문에 일반 사립학교를 선택하는 것보다 조금 더 신중할 필요가 있는데 다음의 10가지 사항들이 그 선택을 돕는 기준들이 될 것이다.

1. 학교의 인지도, 역사, 전통

대부분의 저명한 사립사관학교가 100년 이상의 역사를 갖춘 전통 있는 교육기관이다. 따라서 각 학교마다 자부심이 대단하고 학교의 교육 과정, 생활관련 규정 등이 그러한 역사와 전통에 기반을 두고 있다. 역사로만 보면 카슨 롱 밀리터리 인스티튜트가 현존하는 가장 오래된 미국 사관학교이며, 그 뒤로 오크 리지 밀리터리 아카데미, 피시번 밀리터리 스쿨 등이 있다. 현재 사립사관학교의 수가 그렇게 많은 편이 아니기 때문에 각 지역의 사립사관학교는 대부분 그 지역 내에서 인지도가 무척 높다.

물론, 역사가 길어야 좋은 학교가 된다는 공식은 없다. 한 예로 1933년에 설립된 에드머럴 파라것 아카데미의 경우 역사가 77년으로 미국 사립학교 기준으로는 그리 오래된 학교는 아니지만, 생도들의 대학 진학률, SAT 성적, 교과과정 수준 등이 미국 내 사립사관학교 중 최고수준으로 알려져 있다. 해군 JROTC 사관학교인 이 학교는 지리적으로도 바다와 가까운 곳에 위치하여 일반 사관학교에서 제공하는 특별활동 외에도 요트, 스쿠버다이빙 등 다양한 해양 스포츠 프로그램을 제공한다. 벨리포지 밀리터리 아카데미의 경우도 학교 설립년도는 1928년이지만 'the Little West Point(주니어 미육군사관학교)'로 불릴 만큼 그 명성이 대단하다.

역사보다 더 중요한 것이 학교의 인지도이다. 객관적인 인지도로 보면 미국에서 가장 명성 있는 사관학교는 벨리포지 밀리터리 아카데미, 컬버 밀리터리 아카데미, 에드머럴 파라것 아카데미, 세인트 죤스 노스웨스턴 밀리터리 아카데미, 티엠아이-더 에피스코펄 스쿨 오브 텍사스

(TMI), 뉴멕시코 밀리터리 인스티튜트, 웬트워스 밀리터리 아카데미, 미주리 밀리터리 아카데미 등이다. 인지도가 높다는 것은 그만큼 훌륭한 학생들이 많이 졸업했다는 의미가 되며, 대학에 진학할 때도 그 인지도가 많은 영향을 미칠 수 있다.

2. 등록금 및 추가비용

요즘 한국에도 일년 학비가 1천만 원이 넘는 중고등학교가 있기는 하지만, 미국의 대부분의 사립학교는 일년 학비가 2천만 원을 거뜬히 넘긴다. 사립사관학교도 마찬가지이다. 따라서 자녀를 사립사관학교에 보내려고 하는 학부모들은 여느 사립학교에 다니는 것과 마찬가지로 어느 정도의 재정적 부담은 감수해야 한다.

일반 사립학교의 경우 1년 평균 학비가 대부분 3만5천 달러를 넘고 비싼 학교는 5만~6만 달러까지 하는 학교도 있다. 사립사관학교의 경우는 그보다 조금 낮은 수준으로 1년 학비가 평균 2~3만 달러 정도이다. 미국에서 가장 학비가 비싼 사립사관학교는 벨리포지 밀리터리 아카데미로 38,290달러이다. 주정부 지원을 받는 뉴멕시코 밀리터리 인스티튜트(NMMI)의 경우 1만 달러 정도로 미국에 있는 사관학교 중 학비가 가장 저렴한 곳이다. 학비가 저렴하기는 하지만 NMMI는 주정부 지원을 받기 때문에 학생수가 800명 정도로 미 사립사관학교 중에 가장 많으며 학교 교육시설 및 부대시설이 가장 우수한 학교 중 하나다.

사립사관학교 학비를 검토할 때 반드시 따져볼 것은 등록금 외에 드는 추가비용이다. 벨리포지 밀리터리 아카데미의 예를 보면 대략 어느 정도의 추가 비용이 드는지 실감을 할 수 있을 것 같다. 벨리포지 밀리터리 아카데미는 고등학교 과정을 기준으로 등록금과 기숙사 비용만 포함한 1년간의 총 학비가 38,290달러이다(중학교 과정은 36,790달러이다). 그런데 외국인 고등학생 기준으로 등록금 외에 추가비용을 합친 총비용을 계산해 보면 40,000달러가 훌쩍 넘어간다.

그 이유는 다음과 같다(물론 다음 학년에 재등록을 하면 등록금 액수가 조금 내려간다). 우선 어떤 사립 보딩스쿨을 가든지 등록금 및 기숙사 비용을 제외하고도 보증금, 특별활동비, 기초의료비, 시설 활용비, 이어북Yearbook 발간비용, 학부모협회 회비 등 추가로 지불해야 하는 비용이 상당히 많다. 벨리포지 밀리터리 아카데미의 경우 이 추가 비용만 다 합해도 2,850달러이다. 여기에 외국인 학생의 경우 690달러의 추가 비용과 건강보험 1,200달러, 영어교육 프로그램인 ESL을 수료해야 할 경우 추가로 4,400달러를 내야 한다. 또한 조종사 자격증 취득을 위한 비행훈련, 음악 및 승마 레슨을 위한 비용들까지 합치면 적게는 2천 달러에서 많게는 1만 달러까지 추가 비용이 들 수 있다.

일주일 마다 지급해야 하는 생도 용돈은 물론, 생도가 학교에서 집으로 비용청구를 하는 각종 생활용품 구입비용까지 합치면 그리 만만치 않은 비용이다. 이러한 추가비용의 적용방법은 각 학교마다 다르기 때문에 세심한 검토가 필요하다.

그러나 등록금이 비싸다고 학교를 못 가라는 법은 없다. 미국 사립 고등학교로 조기유학을 가는 학생들이 대부분 자신은 외국인이라 장학금을 못 받을 것이라고 생각하지만, 실제로는 그렇지 않다. 미국 사립사관

미국 사립사관학교별 등록금 현황

	학교명	위치(州)	1년 학비
높음	Valley Forge Military Academy	펜실베니아	$38,290
	TMI-The Episcopal School of Texas	텍사스	$37,740
	Admiral Farragut Academy	플로리다	$37,720
	St. Catherine's Military Academy	캘리포니아	$37,534
	Culver Military Academy	인디애나	$37,000
	St. John's Northwestern Military Academy	위스콘신	$33,500
	Army & Navy Academy	캘리포니아	$31,950
	Florida Air Academy	플로리다	$31,500
	Marine Military Academy	텍사스	$31,400
	Fork Union Military Academy	버지니아	$31,050
	Hargrave Military Academy	버지니아	$30,800
중간	Wentworth Military Academy	미주리	$29,705
	Randolph-Macon Academy	버지니아	$29,532
	St. John's Military School	캔자스	$27,765
	Missouri Military Academy	미주리	$27,750
	Camden Military Academy	사우스캐롤라나	$27,720
	Riverside Military Academy	조지아	$27,500
	Howe Military School	인디애나	$26,800
	Fishburne Military School	버지니아	$25,400
	Massanutten Military Academy	버지니아	$25,200
	Oak Ridge Military Academy	노스캐롤라이나	$25,667
	Carson Long Military Institute	펜실베니아	$24,775
낮음	Lyman Ward Military Academy	앨라바마	$18,300
	Chamberlain-Hunt Military Academy	미시시피	$18,000
	New Mexico Military Institute	뉴멕시코	$12,301

학교 관계자들과 학생들은 사립사관학교가 더 이상 부자들만을 위한 학교가 아니라는 말을 한다. 많은 사관학교에서 집안 형편이 사립학교에 보내기에는 넉넉지 않으나 성적과 리더십 능력이 뛰어난 학생들을 선별하여 장학금을 지급하고 있다. 미국 최고 명문 사립사관학교 중 하나인 컬버 밀리터리 아카데미는 신입생과 고등학교 2년차 학생 중 최우수 학생들을 선발하여 용돈 및 기타 생활비용을 제외한 학교를 다니는 데 필요한 등록금 및 모든 비용을 전액 면제해주고 있다. 따라서, 미국의 사립사관학교에 입학하려고 하는 분들께는 반드시 지원 대상 학교의 장학금 제도에 대해 알아볼 것을 추천한다.

3. 입학 허가율

미국 사립사관학교의 평균 입학 허가율은 60~70% 정도이다. 다양한 미래 생도들에게 기회를 준다는 취지와 더불어 군대식 교육에 대한 특별한 관심과 열정을 가지고 있거나 할아버지, 아버지로 이어지는 사관학교 졸업생이라는 가문의 전통을 지키기 위해 지원하는 학생들로 특화되어 있기 때문에 입학 허가율이 다른 사립학교 보다 높은 편이다.

현재 입학 허가율로 볼때 컬버 밀리터리 아카데미(21%), 웬트워스 밀리터리 아카데미(46%), 포크 유니언 밀리터리 아카데미(55%), 세인트 존스 노스웨스턴 밀리터리 아카데미(55%), TMI(55%), 미주리 밀리터리 아카데미(59%) 등이 다른 사관학교들보다 비교적 낮은 편인데, 입학 허가율

* 출처: Peterson's (Fork Union Military Academy 입학 허가율 출처는 BoardingSchoolReview.Com)/입학 허가율은 매년 바뀌며 실제 학교에 문의하는 것이 가장 정확하다.

이 낮다는 것은 그만큼 신입생 선발을 엄격하고 선별적으로 하는 것으로 보면 된다. 한 예로 미국 일반 사립학교 중 최상위에 속하는 필립스 아카데미-앤도버 Phillips Academy-Andover 의 경우 입학 허가율이 16%에 불과하다.[*]

물론 입학 허가율이 높다고 절대로 수준이 낮은 학교는 아니다. 사립사관학교의 입학 허가율이 몇 학교를 제외하고는 사립학교 평균보다 높은 것은 사관학교라는 특수성 때문에 입학을 지원하는 학생들의 규모가 상대적으로 적기 때문이다. 교육 전문 웹사이트인 Petersons.com에 의하면 란돌프-메이컨 아카데미의 입학 허가율이 89%로 나와있지만, 동학교 졸업생들의 2009~2010년도 명문대 합격률을 보면 컬럼비아, 코넬, 다트머스, 하버드, 프린스톤, 펜실베니아, 스탠포드와 같은 미국 최고 명문대학교들이 상당수 포함되어있다. 즉 입학 허가율이 높다고 반드시 수준이 떨어지는 사립사관학교가 아니라는 것을 명심할 필요가 있다.

4. 커리큘럼, 특별활동, 스포츠

학교 커리큘럼은 사관학교 진학을 생각하는 학생이라면 가장 철저하게 검토해야 할 사항이다. 또한, 일반 커리큘럼 외에도 특별활동(extra-curricular activities)과 스포츠에 대해서도 어떤 프로그램들을 제공하는지 세부적으로 검토해 보는 것이 좋다. 학교라는 곳이 공부만 하러 가는 곳이 아니기 때문에 일반 교육과정 외에도 다양하고, 재미있고, 개인의 성장에 도움이 되는 프로그램들이 제공되는지 파악해 봐야 하는 것이다.

[*] 출처: Peterson's

사립사관학교의 일반 교육 커리큘럼은 타 학교와 크게 다르지 않다. 다만 재정이 풍부한 학교일수록 학생들이 선택할 수 있는 수업 옵션이 많다. 특히 대학교 학점으로 인정 받을 수 있는 AP 프로그램 제공 여부도 검토해 봐야 한다.

AP는 'Advanced Placement'의 준말로 고등학교에서 대학교 과정 수업을 듣고 대학학점을 미리 받는 프로그램이다. 미국에 있는 거의 모든 학교에서 AP 수업을 들을 수 있는데 사립사관학교도 예외는 아니다. 미주리주에 위치한 웬트워스 밀리터리 아카데미의 경우 32개의 AP 및 듀얼 인롤먼트 코스를 제공하여 가장 많고, 컬버 밀리터리 아카데미, 포크 유니언 밀리터리 아카데미, 캠든 밀리터리 아카데미 등에서 15개 이상의 AP 코스 또는 기타 대학교 학점을 인정 받을 수 있는 수업 선택이 가능하다.

특별활동의 다양성도 매우 중요하다. 정규 교과과정만으로 학생들의 지적 성장을 촉진시키는 것은 제한이 있기 때문에 학생들이 선택할 수 있는 특별활동의 다양성은 학생들이 학교생활에 큰 만족을 갖고 지내게 하는 데 있어 중요한 역할을 한다. 특히, 좋은 학교일수록 엄격한 통제 하에 생활을 해야 하는 생도들을 위한 다양한 종류의 특별활동과 스포츠 게임을 제공한다. 이러한 프로그램이 많다는 것은 그만큼 그 학교가 학생들의 웰빙을 위한 의지, 재정능력, 인력을 보유하고 있음을 나타낸다고 할 수 있다. 사립사관학교의 특별활동 프로그램은 타 사립학교 대비 비교적 준수한 편이고, 타 사립학교에는 없는 특별한 프로그램들도 있다. 의장대, 군악대, JROTC Raiders 등은 JROTC만의 특별한 프로그램이다.

특별활동이 15~20개 정도이면 준수한 수준으로 보면 된다. 사관학교 중 가장 많은 특별활동 프로그램을 제공하는 학교는 주립인 뉴멕시코 밀리터리 인스티튜트이고 사립사관학교 중 가장 많은 특별활동을 제공하는 곳은 컬버 밀리터리 아카데미이다. 이외에도 아미 & 네이비 아카데미, 하그레이브 밀리터리 아카데미, 미주리 밀리터리 아카데미, 포크 유니언 밀리터리 아카데미, 호우 밀리터리 스쿨 등이 매우 다양한 종류의 특별활동 프로그램을 제공하고 있다.

5. 지원자의 성격 및 체력

어린 나이에 부모를 떠나 생활을 한다는 것 자체로도 힘든데, 사관학교 생도로서 철저하게 통제된 생활까지 하려면 자신에 대한 강력한 의지와 인내심은 필수적이다. 필자가 이런 말은 하는 것은 많은 부모들이 자녀를 사립사관학교에 보내면 자동적으로 체력도 튼튼해지고, 공부도 잘하고, 리더십을 갖춘 성인으로 탈바꿈해 나올 것이라는 기대로 반강제적으로 자녀들을 사립사관학교에 입학시키기는 경우도 종종 보기 때문이다. 그러나 이렇게 스스로의 의지가 없이 사립사관학교에 입학한 신입생들은 대부분이 몇 개월 안에 생도생활을 포기하고 다시 공립학교나 다른 사립학교로 전학을 가거나, 남는다 해도 적극성이 부족하여 졸업할 때까지 진급이 제대로 안 되는 경우가 많다. 이렇듯이 사립사관학교는 공부만 잘한다고 해서 버틸 수 있는 곳이 아니며, 사립사관학교가 제공하는 다양한 교육프로그램과 학교생활에 대한 관심, 그리고 미래의 리더로 성장하려는 기본적인 열정을 가진 이들에게는 천국 같은 곳이지만 그렇지

않은 이들에게는 지옥이 될 수도 있다

기본적인 체력도 중요하다. 물론 사립사관학교의 철저한 체력관리 프로그램을 통해 약골이었던 학생도 졸업할 때쯤이면 남부럽지 않은 체력을 갖추게 하는 곳이 사립사관학교이지만, 기본적인 체력과 정신력을 갖춘 학생들이 초기에 적응을 더 잘하는 편이다. 학교마다 체육 및 군사훈련의 종류와 정도가 다르기 때문에, 지원하고자 하는 사립사관학교의 체육 및 군사훈련 프로그램이 어떤 식으로 이루어지는지 미리 잘 살펴보고 자신이 가장 적응을 잘 할 수 있을 것 같은 학교를 선택해야 한다.

아무 생각 없이 주위의 추천만 받고 자녀를 사립사관학교에 입학시켰다가는 몇 개월 안 되어 다른 학교로 전학을 해야 하는 낭패를 볼 수도 있다. 가장 중요한 것은 "Does your son/daughter has what it takes to be a cadet?", 즉 사관학교에 지원하기 전에 생도가 되는 데 필요한 기본적인 관심, 열정, 자질, 정신력, 체력 등을 갖추고 있느냐를 먼저 파악하는 것이 사립사관학교를 선택하는 데 있어 가장 중요한 사항이라는 것을 명심해야 할 것이다.

6. 기부금 유치규모

미국에서는 학교의 종류에 상관없이 그 순위에 가장 영향을 많이 주는 요소 중 하나가 기부금 유치 규모이다. 학교의 기부금 유치 규모는 학교가 어떠한 학생을 배출했느냐를 판단하는 기준이 되기도 하고, 또한 생도들에게 높은 수준의 교육을 제공하기 위해 그 학교가 얼마나 열심히 적극적으로 기부금 유치 활동을 펼치고 있는지의 기준이 되기도 한다.

기부금이 많을수록 최첨단 도서관, 체육관, 강의실 등 다양한 학교 발전 프로젝트 추진이 가능하며, 학생들을 위한 다양한 종류의 장학금을 제공하는 데도 큰 영향을 준다. 따라서 기부금 규모는 사립사관학교를 선택하는 데 있어 중요한 요소 중 하나이다. 단, 기부금 유치규모는 매년 변화가 있을 수 있고, 그 규모가 적으면 그 학교의 질이 떨어진다고 무조건 판단할 것이 아니라 현재의 학교의 재정 상태가 어느 정도 인지를 파악할 수 있는 하나의 기준으로만 보면 될 것이다.

현재 미국의 사립사관학교 중 기부금^{endowment} 유치 규모가 가장 큰 학교는 컬버 밀리터리 아카데미로 총 2억8,100만 달러의 기부금을 유치해 놓고 있는데 이 액수는 미국 전체 사립 보딩스쿨 중 5위에 해당하는 액수다. 이 밖에도 리버사이드 밀리터리 아카데미(5,300만 달러), 미주리 밀리터리 아카데미(4,300만 달러), 뉴멕시코 밀리터리 인스티튜트(주립, 3,100만 달러), 포크 유니언 밀리터리 아카데미(2,100만 달러), 호우 밀리터리 스쿨(1,800만 달러), 매사누턴 밀리터리 아카데미(1,300만 달러), 벨리포지 밀리터리 아카데미(1,200만 달러) 등이 기부금 규모가 1천만 달러 이상의 학교이다.[*]

참고로 지난 2010년 5월5일 뉴욕타임즈는 전통있는 사립사관학교 중 하나인 뉴욕 밀리터리 아카데미^{New York Military Academy}가 문을 닫게 되었다고 전했다. 오랜 세월 동안 재정난을 겪었고 재입학률이 지속적으로 떨어져 학교 문을 닫을 수 밖에 없었다고 한다. 신문은 전통 있는 학교였음에도 불구하고 한때 학교를 일종의 교화(教化) 학교로 홍보하여 재입학률이 지

* 출처: BoardingSchoolReview.Com

속적으로 떨어졌고, 결국에는 7천만 달러의 빚을 지게 되었다고 전했다. 도널드 트럼프를 비롯하여 학교 주요 동문들의 총 자산규모가 27억 달러를 넘는데도 불구하고 기부금이 제대로 들어오지 않아 등록금에만 의존을 하다가 학교 문을 영원히 닫아 버려야 하는 상황까지 발생한 것이다. 이렇듯이 기부금 유치규모는 학교의 재정건전성, 대외 홍보능력, 동문들의 사회적 지위 등 사립사관학교의 많은 것을 말해주기 때문에 반드시 검토해야 할 사항이다. 그리고 사립사관학교뿐만 아니라 모든 사립학교에 지원할 때 기부금 규모를 한번씩 확인해볼 필요가 있다.

7. 2년제 대학과정 제공 여부

미국 사립사관학교는 통상적으로 초등, 중등, 고등학교 교육과정을 제공하지만, 2년제 주니어 컬리지Junior College과정과 조기 임관이 가능한 ROTC 프로그램을 제공하는 학교도 있다. 중고등학교를 가는데 2년제 대학과정 있는지 왜 알아봐야 하는지 의문을 갖는 독자들도 있겠지만 대학과정을 겸비한 사립사관학교는 상당한 장점들을 가지고 있다.

미국의 사립사관학교 대부분이 각군 본부에서 정하는 JROTC의 규정에 따라 엄격히 운영되지만, 미군 장교로 조기임관이 가능한 2년제 대학과정을 함께 제공하는 사관학교는 더욱 더 체계가 잘 잡힌 군사교육 과정을 제공하여 매우 강도 높은 ROTC 프로그램을 자랑한다. 대학 ROTC 생도들은 실제로 직업 군인의 길을 택하기 위해 입학한 생도들이기 때문에 더욱 성숙한 생도로서의 모습을 갖추고 있고, 이러한 선배 생도들과의 교류는 중고등학교 생도들이 학교 생활에 조금 더 빨리 적응하고 성숙한 리더로서 성장하는 데 많은 도움이 될 수 있다.

또한, 대학교 진학 시 바로 학점으로 인정 받을 수 있는 실제 대학교 수업을 들을 수 있는 기회도 주어진다. 이것은 AP 코스와는 다른 듀얼 인롤먼트dual enrollment라는 프로그램으로 이를 통해 대학교 수업을 수강하고 대학 진학 시 그 학점을 그대로 인정받을 수 있다.

현재 뉴멕시코 밀리터리 인스티튜트, 벨리포지 밀리터리 아카데미, 웬트워스 밀리터리 아카데미 등 총 3개 학교에서 중·고등학교 과정과 함께 조기임관이 가능한 2년제 대학을 함께 운영하고 있다.

8. 지리적 위치 및 주변환경

자식을 먼 미국의 보딩스쿨에 보내는 학부모 입장에서 그들이 다니게 될 학교의 지리적 위치와 주변 환경을 고려하지 않을 수 없다. 일반 공립학교와는 달리 대부분의 사립 보딩스쿨들은 도시에서 멀리 떨어진 외딴 곳에 있는 경우가 많다. 그래서 특히 방학 때면 고국으로 돌아갔다가 와야 하는 외국인 학생들에게는 학교의 지리적 위치는 매우 중요하다.

예를 들어 어떤 사립사관학교는 한국에서 비행기를 타고 국제공항이 있는 도시에서 내려 다시 국내항공편으로 갈아탄 후, 지방공항에서 또 2~3시간을 차를 타고 가야 하기 때문에 부모가 학교를 방문하기도 쉽지 않고 방학 때 나와서 돌아가야 하는 학생에게도 고된 일이 될 수 있다.

대부분의 학교에서 외국인 학생 픽업 서비스를 제공하지만 이렇게 먼 곳에 위치한 학교에서는 학생들을 픽업하는 것 자체가 부담일 수 있다. 따라서 사립사관학교를 선택할 때는 가능하면 국제공항에서 자동차로

2~3시간 내에 갈 수 있는 위치에 있는 학교가 가장 적합하다고 하겠다.

또한 자녀들이 집을 떠나 머나먼 미국에서 생활을 해야 한다면, 이왕이면 주변 자연환경이 아름다운 학교를 선택하고 싶은 것이 부모의 마음일 것이다.

다행히도 대부분 사립사관학교의 주변 자연환경은 상당히 출중하다. 단, 사진으로만 봐서는 잘 판단이 어렵기 때문에 방학 때 여유가 있다면 사전에 몇 개 학교를 골라서 직접 방문해 보는 것이 가장 좋다. 대부분의 학교에서 입학을 희망하는 학생들을 위한 학교 투어 프로그램을 제공하기 때문에 사전에 등록만 하면 친절하게 안내해 준다.

9. 사립사관학교 졸업생은 어떤 대학에 가나?

사실 이 책을 읽는 대부분의 학부모님들과 학생들은 과연 사립사관학교를 나오면 어떤 대학에 가는지가 가장 궁금할 것이다. 명문대 합격자가 많다는 것은 그만큼 우수한 학생들이 많고 학교의 교육 프로그램도 좋다는 하나의 증거가 될 것이다. 그래서 각 학교의 명문대 진학률은 절대적인 기준은 아니지만 사립사관학교 입학 결정시 반드시 고민해 봐야 할 부분임은 틀림없다.

명문대에 진학하는 학생들이 얼마나 되는지는 학교의 자료 공개가 없으면 파악이 어려운데, 사립사관학교들은 몇 개 학교를 제외하고는 대부분 졸업생들이 입학 허가 받은 대학교의 이름을 공개하고 있다.

명문대에 실제로 진학하는 비율로 보면 인디애나주에 있는 컬버 밀리터리 아카데미가 단연 최고다. 그 뒤로 2009~2010년도 2년간의 입학 허

미국 5개 사립사관학교 졸업생들의 명문대 합격 현황

학교명	2009 · 2010년도 졸업생이 합격한 주요 명문대
Admiral Farragut Academy (남동부 Florida주)	Boston College, Brandeis University, Cornell University, Georgia Institute of Technology, Harvard University Johns Hopkins University, Tulane University, Tufts University, University of Chicago, US Air Force Academy, , US Naval Academy, University of Rochester, Virginia Tech
Culver Military Academy (The Culver Academies) (중부 Indiana주)	Boston University, Carnegie Mellon University, College of William & Mary, Columbia University, Cornell University, Duke University, New York University(NYU), Northwestern University, Princeton University, Stanford University, Washington University(St. Louis), United States Military Academy-West Point, United States Naval Academy, UCLA, University of Washington, Yale University
Missouri Military Academy (중부 Missouri주)	Boston College, New York University, University of California-Berkeley, University of Wisconsin-Madison, University of Washington
Randolph-Macon Academy (동부 Virginia주)	Boston College, Columbia University, Cornell University, Dartmouth University, Duke University, Harvard University, Massachusetts Institute of Technology(MIT), New York University (NYU), Princeton University, Smith College, Stanford University, UCLA, UC-Berkeley, University of Pennsylvania, Washington University(St. Louis)
TMI-The Episcopal School of Texas (중남부 Texas주)*	Boston College, Brown University, College of William & Mary, Columbia University, Duke University, Harvard University, Johns Hopkins University, New York University (NYU), Princeton University, Stanford University, US Military Academy-West Point, US Air Force Academy, US Naval Academy, Yale University, Washington University (St. Louis)
Valley Forge Military Academy (동부 Pennsylvania주)	Boston University, Brown University, Emory University, New York University, University of Chicago, University of Michigan-Ann Arbor, US Military Academy-West Point, Washington University (St. Louis)

출처: 각 학교 홈페이지 (위 표는 알파벳 순으로 정리한 것임.)

* TMI 자료는 지난 6년간 졸업생들이 진학한 대학 중 명문대만을 정리한 것임.

가율만 보면 란돌프-메이컨 아카데미, TMI, 벨리포지 밀리터리 아카데미가 아이비리그 및 미국 내 랭킹 50대 대학 합격 및 진학률이 가장 높다. 이외에도 에드머럴 파라것 아카데미, 미주리 밀리터리 아카데미가 미국 내 50대 및 기타 우수대학 진학률이 비교적 높은 편이다. 나머지 사립사관학교 학생들도 50위 안에 드는 최고 명문대학과 더불어 미국 내에서 우수한 대학으로 인정받는 학교들에 무난하게 합격하고 있다.

10. 총 학생수 및 재입학률

모든 사립사관학교가 훌륭한 교육 프로그램을 갖고 있는 것은 사실이지만, 군사교육을 접목했다는 특수성 때문에 쉽게 입학을 결정할 수 없는 것이 사실이다. 따라서 학교 시설 및 교육프로그램 발전을 위해 지속적인 투자를 하고 여러 가지 학교 여건을 최상의 수준으로 유지하지 않으면 입학을 하더라도 재입학률이 떨어지게 된다. 따라서 자신이 관심을 갖고 있는 사립사관학교의 전체 수용가능 시설과 실제 학생수의 비율, 그리고 재입학률이 어느 정도 되는지 반드시 확인해 볼 필요가 있다.

재입학률이 낮다는 것은 그만큼 교육 프로그램 및 생활환경이 만족스럽게 제공되지 않고 있다고 해석될 수 있다. 사립사관학교들의 학생수는 평균 200명 이상인데(현재 학생수가 가장 많은 사립사관학교는 뉴멕시코 밀리터리 인스티튜트로 약 1천명 정도의 생도가 재학하고 있다. 그 다음으로는 컬버 밀리터리 아카데미가 약 790명, 포크 유니언 밀리터리 아카데미가 약 500여명 등으로 가장 학생수가 많고 학교 재정도 매우 풍부한 학교들이다), 학생 수가 많고 적음만을 가지고 그 학교의 좋고 나쁨을 판단할 수는 없을 것이다. 단지 학교 학생수가 원래부터 적은 것인지 재입학률

저조나 재정난으로 인한 것인지는 꼭 확인해볼 필요가 있다.

5 사립사관학교 지원 이렇게 준비하자

미국 사립사관학교에 지원하는 방법과 입학 허가가 난 후에 준비해야
할 사항들은 일반 사립 보딩스쿨과 별반 다르지 않다. 또한 대부분의 미
국 조기유학 전문 유학원에서 사립사관학교 지원 방법에 대해서 잘 설
명해주고 있다. 이 책에서는 사전에 개괄적인 내용을 파악하고 유학 준
비를 시작하려는 학생들과 부모님들을 위해 통상적인 지원절차를 간략
하게 소개하고자 한다.

홈페이지를 통한 사전연구

　대부분의 미국 보딩스쿨들이 매우 잘 정리된 인터넷 홈페이지를 갖추
어 놓고 학교에 대한 다양한 정보를 제공하고 있다. 따라서, 사립사관학
교에 지원 희망하는 학생들은 반드시 해당 학교 홈페이지를 방문하여 홈
페이지에 수록된 학교에 대한 모든 정보를 세밀하게 공부하고 분석하여
자신에게 맞는 학교인지 판단해 볼 필요가 있다.

사립사관학교들의 홈페이지에는 학교의 역사, 입학지원 절차 및 구비 서류, 일반 교과과정, 생도생활, 스포츠, 특별활동, 선생님 소개, 군사교육 프로그램에 대한 자세한 정보가 수록되어 있다. 조기유학을 준비하는 많은 학생들이 조기유학 전문 유학원을 찾아 자문을 구하는 경우가 많고, 그것이 미국을 잘 모르는 학생들을 위한 안전한 유학 과정이기는 하지만, 자신이 가려고 하는 학교에 대해 미리 자신이 직접 조사해 보면 유학원과 상담을 할 때 큰 도움이 될 수 있다. 또한 지원서를 작성하기 전에 알아야 할 모든 사항도 홈페이지에 실려 있다. 홈페이지의 항목들 중 'Admissions'을 클릭하여 입학을 위해 필요한 것들이 무엇인지 사전에 체크리스트를 만들어 놓으면 실제로 그 학교에 지원할 때 실수를 최대한 줄일 수 있다. 미국 학교들의 지원방식은 우리나라 학교들의 방식과는 상당히 다르기 때문에 체크리스트는 반드시 필요하다. 특히 외국인 학생들에게 별도로 요구하는 지원 서류가 무엇인지도 파악해야 한다.

체크리스트를 만들자

각 사립사관학교마다 지원자들을 위해 제공하는 정보의 종류가 조금씩 다르지만, 대부분의 학교 홈페이지에서 지원자들이 반드시 숙지해야 할 '지원 체크리스트Application Checklist'를 찾을 수 있다.

■ Application for Admission(입학 지원서)

- 입학 지원서는 사립사관학교 홈페이지에서 다운로드가 가능하다. 우선 지원서는 미국의 교육연도가 매년 가을에 시작되

기 때문에, 통상적으로는 입학을 원하는 교육연도 전해 가을에 입학 지원서를 작성하여 입학연도 1~2월 경까지 제출해야 한다. 학교마다 마감일이 있는 학교도 있고, 연중 수시로 입학 지원서를 받는 학교들도 있기 때문에 각 학교별로 확인해 볼 필요가 있다.

• 지원서에는 학생들은 물론 부모님이 작성해야 하는 부분들도 상당수 있기 때문에 학생과 부모가 함께 작성하는 것이 좋다(많은 한국 부모들이 자식을 대신하여 지원서를 작성하는 경우가 많은데 작성은 부모가 하더라도 학교에서 학생들에게 다시 물어볼 수 있는 개인적인 정보들이 적히게 되기 때문에 지원하는 당사자가 직접 참여해서 지원서에 무엇이 적히는지 잘 알고 있어야 한다).

■ Application Fee(수수료)
• 미국의 모든 학교에서 입학 지원서 제출 시 수수료를 요구하며, 학교 사정에 따라 액수에 차이가 있다. 통상 50~100달러 정도의 수수료를 요구한다.

■ Personal Interview & Campus Visit(면접 및 학교방문)
• 대부분의 사립사관학교에서 입학 지원서 제출 후에 학교를 직접 방문하고 인터뷰에 응할 것을 권장하고 있으며, 일부 명문 학교에서는 필수적으로 캠퍼스를 방문할 것을 요구한다.
• 보딩스쿨 지원이 처음이라면 반드시 직접 방문해 볼 것을 권장한다. 9학년부터 지원을 한다면 향후 4년을 부모님과 떨어져

지내야 할 곳이기 때문에 직접 방문하지 않고 지인의 추천만 믿고 학교를 결정한다면 막상 학교에 도착했을 때 시설, 교육환경, 교사진 등에 대한 실망감으로 학교에 적응을 못하고 전학을 가거나 다시 한국으로 돌아오는 낭패를 볼 수도 있다. 특히, 사립사관학교는 군사교육에 접목된 교육제도를 운영하는 학교이기 때문에 그냥 사진으로만 봐서는 자신에게 적합한 학교인지 아닌지 판단하기가 어려울 때가 종종 있다.

- 일부 학교에서는 외국인 지원자들을 위해 화상통화 등을 통해 캠퍼스 방문을 대체해 주기도 한다. 그러나 가능하다면 직접 캠퍼스를 방문해 볼 것을 추천한다. 캠퍼스 방문에 대한 정보는 대부분의 사립사관학교 홈페이지에서 찾을 수 있다.

■ Standardized Testing(표준 시험 점수)

- 사립사관학교에 입학 하려면 일반 보딩스쿨과 마찬가지로 미국의 표준 사립고등학교 입학시험인 SSAT(Secondary School Admission Test), 또는 ISEE(Independent Schools Entrance Exam) 점수를 제출해야 한다. 대부분의 학교에서 SSAT 또는 ISEE 중 하나의 최종 점수를 요구하는데 컬버 밀리터리 아카데미를 포함한 일부 학교에서는 모든 학생들(외국인 지원자를 포함)에게 SSAT 제출을 필수적으로 요구하기도 한다.

- 외국인 학생의 경우 소수의 학교를 제외하고는 대부분의 사립사관학교에서 TOEFL 또는 SLEP 점수 제출을 요구한다. 그러

나 평가가 좋은 학교인데도 불구하고 TOEFL 점수를 요구하지 않는 학교들도 있다.

■ Teachers' Evaluation & Transcripts(교사 평가서/추천서 및 성적증명서)

- 학교에 따라 차이가 조금씩 있지만 대부분의 학교에서 2개 이상의 교사 추천서 또는 학교에서 정해주는 양식에 따라 지원자에 대한 평가 보고서를 제출할 것을 요구한다.
- 컬버 밀리터리 아카데미의 경우 현재 영어 및 수학 교사의 학생 평가서를 제출해야 하며, 교사 외에 지원자를 잘 아는 사람의 추천서 1부를 제출해야 한다.
- 성적표는 외국인 지원자의 경우 지난 3년간의 성적표를 제출할 것을 요구하는 곳이 상당수 있으니 정확히 어느 기간 동안의 성적을 제출해야 하는지 파악해 볼 필요가 있다.
- 미국 학교에 지원하는 것이니 모든 서류는 영문으로 작성되어야 한다.

■ Financial Statement(재정 증명서)

- 대부분의 사립사관학교의 1년 등록금이 20,000달러를 넘고 상당수가 30,000달러 이상으로 만만치 않은 액수이다. 따라서 모든 학교에서 부모님의 재정증명서와 재정지원을 보장하는 서약서 제출을 요구하고 있다. 재정증명서는 입학 지원서와 함

께 제출해야 한다.

- 재정증명서 또한 영문으로 작성되어야 하며 모든 금액은 미국 달러로 표기되어야 한다. 어느 정도를 증명해야 하는지는 학교 측에 문의해 보는 것이 가장 좋다.

▨ Financial Aid Application(장학금 지원서)

- 미국의 사립학교는 부자들만 가는 학교는 아니다. 많은 학교들에서 집안 형편은 넉넉하지 않지만 우수한 학생들을 위한 다양한 장학금 제도를 마련해 놓고 있다. 일부 학교에서는 외국인 학생 중에서 우수한 학생들을 선별하여 9학년부터 12학년까지 전액 장학금을 지원하는 학교들도 있다.

- 단, 장학금 지원은 상당히 경쟁이 치열하기 때문에 학교 홈페이지에서 어떠한 장학금 제도가 있는지 확인하고 철저한 준비를 하여 지원을 할 필요가 있다. 전액 장학금의 경우 그 선발 절차가 매우 까다로워 인터뷰를 몇 번씩 해야 하는 경우도 있다. 따라서 인터뷰에 적극적으로 임할 준비가 되어 있어야 한다.

- 한국 학생들은 미국 사립학교에 지원을 할 때 대부분 장학금 지원을 안 하는데 미국 학교라고 해서 특별히 외국인을 차별하는 것이 아니기 때문에 자신의 성적, 학교 생활, 능력 등이 우수하다고 생각하면 장학금 지원서를 잘 작성해서 제출해 보면 좋은 결과가 있을 수도 있다.

합격 통지를 받으면 더 바빠진다. 우선 외국인 학생의 경우 미국 입국에 필요한 학생비자(F-1 비자)를 받기 위해 반드시 학교에서 발행한 I-20가 필요하다. 주한미국대사관 홈페이지를 통해 F-1 비자를 신청하는 데 걸리는 기간과 절차를 반드시 사전에 확인을 하고 학교 입학 시기에 맞춰 비자를 받을 수 있도록 철저히 준비해야 한다.

비자 신청은 유학 준비의 시작일 뿐이다. 합격 통지서를 받으면 학생 신상에 대한 다양한 서류를 추가로 작성해서 학교측에 제출해야 한다. 대부분이 학생 자신에 대한 의료 관련 정보, 학교 측에 학생들에 대한 관리를 위임한다는 다양한 학부모 동의서 등이다. 특히, 알레르기나 병원으로부터 처방전을 받아야 하는 학생들에 대해서는 질병명, 처방해야 하는 약 및 투약 주기 등을 정확히 기술하여 제출해야 한다. 종합병원에서 받은 종합검진 결과서도 제출해야 한다.

미국에서는 18세 이하 청소년들 관리에 대한 법이 매우 엄격하기 때문에, 부모와 떨어져 생활하는 학생들에 대해서는 미국에 사는 친척 또는 지인에게 학생에 대한 보호 및 관리 권한을 위임할 것을 권장하고 있다. 그러나 친척이나 지인이 없을 경우 학교측에서 현지에 거주하는 미국인을 부모를 대신하여 학생을 관리해 주는 가디언guardian으로 추천해 주기도 한다. 또한, 외출을 할 경우에는 부모가 정한 특정 사람들과만 외출 할 수 있도록, 외출 동행이 가능한 사람과 목적지, 연락처를 미리 제출하도록 하고 있다.

학교에 대한 공부 및 체력단련

미국은 매 교육연도의 시작이 가을이기 때문에 통상적인 지원 절차를 따르면 입학하는 해 봄에 합격 통지서를 받게 된다. 따라서 입학하기 전 생기는 몇 개월 동안의 공백기간을 헛되게 보내지 말고 효율적으로 활용할 필요가 있다.

우선 입학 지원서를 제출함과 동시에 영어 실력이 부족한 학생들은 집중적인 영어교육을 받을 수 있는 학원에 등록하여 영어실력을 높일 필요가 있다. 물론 학교에 입학하면 외국인들을 위한 영어교육 프로그램들이 있지만, 사전에 최대한 영어회화를 익히고 가면 그만큼 정규수업을 수월하게 들을 수 있고 신속히 사관학교 생활에 적응할 수 있을 것이다.

또한, 군사용어를 많이 쓰는 사립사관학교에서는 일반적인 영화 회화 수업에서는 배울 수 없는 단어들을 많이 사용한다. 예를 들어 '차렷!'은 'Attention!', '열중쉬엇!'은 'Parade Rest!', '쉬엇!'은 'At East', '앞으로 갓!'은 'Forward March!' 등 영어를 잘하는 사람한테도 생소한 용어들을 많이 사용한다. 이러한 용어들은 군대용어 사전을 구입하여 공부하면 좋고, 사관학교를 배경으로 한 영화를 통해 상황별 용어 사용법 등을 익히면 큰 도움이 될 수 있다. 요즘은 유튜브YouTube 등 인터넷에 올려진 각종 동영상들이 많기 때문에 이러한 동영상 자료를 찾아서 공부하는 것도 도움이 될 수 있다.

사립사관학교는 일반 학교와 달리 신입생들이 반드시 거쳐야 하는 신입생도 훈련기간이 있다. 사관학교 졸업생 중 그 기간을 쉬운 과정이었다고 말할 수 있는 사람은 아마 아무도 없을 것이다. 이 신입생 훈련 기간 중 튼튼한 체력과 지구력을 요하는 코스도 있기 때문에 입학하기 전에 기본적인 체력 단련을 하고 가면 좋다. 특히, 새벽구보, 팔굽혀펴기, 윗몸일으키기, 웨이트트레이닝, 팔벌려 제자리 뛰기 등의 운동을 잘 익히고 가면 좋다. 매우 기초적인 운동이지만 익숙하지 않으면 만만치 않은 운동들이기 때문이다. 1~2개월 정도만 매일 조금씩 단련을 해도 기본적인 준비는 할 수 있다. JROTC 프로그램을 제공하는 학교에서는 이러한 체력단련 훈련이 반드시 포함되어 있다고 보면 된다.

6

미국 사관학교 정보

이 책을 쓰면서 어떻게 하면 독자들에게 사립사관학교에 대해 조금 더 실질적으로 공감할 수 있는 정보를 제공할 수 있을까 많은 고민을 하였다. 사실 38세의 젊은 나이, 그리고 이룬 것도 많이 없는 상황에서 나의 경험담을 책으로 쓴다는 것이 큰 부담이었고 또 쑥스럽기도 했다. 그러나 연구조사를 통해 습득할 수 있는 정보보다는 실제로 사립사관학교를 체험해 본 사람의 경험담을 함께 적어야 사관학교가 정확히 무엇인지 느낄 수 있다는 생각에 간략하게나마 필자를 포함한 사립사관학교 졸업생들과 재학생 경험담을 소개하기로 했다. 또한 자식의 사립사관학교 입학을 고민하고 있는 부모님들을 위해 사립사관학교에 아들을 보낸 한 어머니의 경험담과 여학생의 경험담, 그리고 한 명문 사립사관학교 교직원의 경험담도 함께 실었다.

　사실 대한민국 남자라면 한 번씩 군 생활을 해봤기 때문에 내가 고등학생의 나이에 경험했던 것들이 새롭게 느껴지지 않을 수도 있을 것이다. 하지만, 나 역시도 육군병장 만기제대를 한 사람으로서 미국의 사관학교에서의 경험은 우리 병사들이 훈련소나 자대생활에서 습득할 수 있는 지식과 경험과는 그 목적 면에서 많은 차이가 있다는 말씀과 함께, 이 책에 실린 경험담들을 군대를 다녀온 사람의 시각이 아니라, 어린 중고등학생의 시각, 부모님의 시각으로 봐줬으면 하는 부탁을 하고 싶다.

나는 지금으로부터 21년 전인 1989년에 미국 미주리주 분빌Boonville이라는 인구 6천명 정도의 조그만 도시에 위치한 캠퍼 밀리터리 스쿨에 입학했다. 벌써 강산이 두 번 변한 얘기를 하려고 하니 조금 쑥스럽기는 하지만, 이번에 이 책을 쓰면서 여러 경로로 자료조사를 해본 결과, 내가 직접 경험했던 당시의 사관학교 생활과 오늘날의 사관학교 생활이 크게 변하지는 않았다는 사실을 확인하고 용기를 내었다. 사람들은 내가 미국 사립사관학교를 나왔다고 하면 어떻게 그렇게 어린 나이에 먼 타향에 있는 학교, 그것도 일반 학교도 아닌 사관학교를 갈 생각을 했냐고, 고생하지 않았냐고 물어보곤 한다. 처음 사관학교에 입학한 나이가 만 16살이었으니 사람들이 그렇게 생각할 만도 할 것이다. 하지만 나는 부친께서 미국에서 가져다 주신 사립사관학교 소개서를 보자마자 사립사관학교에 완전히 반해버렸다. 책에 수록된 사진들 속에서 나와 비슷한 또래의 학생들이 푸른색 제복에 군대식 계급장을 착용하고 수업을 받고, 대열을 갖춰 행진을 하는 모습들은 감격스러울 정도로 멋져 보였다. 내가 한국에서 다녔던 고등학교는 개교한지 1년 밖에 되지 않아 콘크리트 건물 하나에 흙먼지가 날리는 운동장만 덜렁 놓인, 재미없어 보이는 학교였다. 그에 비해, 소개서에서 본 미국 사립사관학교의 넓고 푸르른 캠퍼스, 예술적인 건축물, 생도들의 늠름한 모습은 어린 나의 마음을 움직이기에 충분했다. 부족한 영어로 학교 소개서를 읽어가던 중 문득 이런 생각들이 나의 뇌리를 스쳐갔다. '나 같은 나이의 학생이 갈 수 있는 이렇게 멋진 학교가 있다니! 이런 학교라면 공부도 생활도 정말 잘 할 수 있을 것 같아' 나는 길게 생각도 해보지 않고 단숨에 결정을 내렸다. 아버지께서 추천을 하시니 한 번 해 보자 라는 생각도 들었던 것 같다(이 후의 이야기는 네 번째 수록된 필자의 경험담에서 이어짐).

아무튼 여기 수록된 나를 비롯한 일곱 명의 경험담이 꿈을 위해 미래에 도전하고픈 중고등학생들, 그들의 부모님, 그리고 기타 사립사관학교에 관심이 많으신 분들께 미국 사립사관학교의 생활상을 이해하는 데 조금이나마 도움이 됐으면 한다.

안녕하세요? 저는 미국 컬버 밀리터리 아카데미에 재학중인 최부식이라고 합니다. 2010년 가을학기면 11학년이 됩니다.

지난 2007년 미국의 사립학교 지원을 고민하고 있던 중 한국의 한 유학원의 적극적인 추천을 받고 지원을 하게 되었습니다. 유학원에서 말하기를 컬버 밀리터리 아카데미는 리더십, 건강한 육체, 지식, 이 세가지 모두를 배울 수 있는 유익한 장소가 될 것이라고 했습니다. 그 후 아는 선생님 한 분과 캠퍼스 투어를 하면서 아름다운 캠퍼스와 제복을 입고 자신의 꿈을 쫓는 학생들의 모습에 반해 입학을 결정하게 되었습니다.

제가 처음 컬버에 입학을 한 것은 2008년 여름이었습니다. 고등학생 나이에 당연히 군대생활 경험은 해본 적이 없었기 때문에 사관학교의 모든 것이 새로웠던 것은 물론 두려움의 대상이기도 했습니다. 입학하자마자 신입생들은 걷는 방법부터 시작하여 올바른 경례법은 무엇인지, 제복은 어떻게 입어야 하는지, 구두는 어떻게 닦아야 하는지, 행진은 어떻게 하는지 등 고등학생으로서는 익숙치 않은 많은 것을 배워야 했습니다. 건물 안에서는 자신보다 계급이 높은 상관을 만나면 차렷자세로 멈춘 뒤 상관에게 인사를 해야 하며, 매일 아침마다 30분 일찍 일어나서 건물을 청소하고 구두를 닦아야 했습니다.

지금도 2년 전에 제 룸메이트와 함께 새벽 5시에 일어나서 구두를 닦고 건물을 청소했던 때의 기억이 생생합니다. 사실 처음 며칠간은 이런 혹독한 생활을 하면서 제 선택에 회의감도 느끼고 후회를 하기도 했습니다. 그러나 학교생활에 익숙해진 지금은 우리학교가 자신에게 열정만 있다면 셀 수 없을 정도로 많은 기회와 명예가 주어지는 학교라고 생각합니다.

컬버에서는 신입생도라는 명칭을 벗고 정식 사관생도로서 인정을 받으려면 학교에서 주관하는 보드Board라는 시험을 통과해야 하는데, 여기에는 학교의 역사 및 문화, 제복 검사, 행진 시험은 물론 자신이 배정받은 소속 유니트Unit(일반 사관학교의 '중대' 개념)에 따라서는 대포 교육, 소총 교육, 승마 교육 등을 평가 받아야 합니다.

이 시험을 통과해야만 컬버의 정식 일원으로서 인정을 받기 때문에 신입생들은 밤을 새서 방을 치우고 또 공부를 하곤 합니다. 또한 컬버에는 드릴팀, 컬러가드, 기마부대까지 다양한 사관학교 특유의 특별활동 팀이 존재하며 자신이 노력만 한다면 이러한 팀에서 리더가 될 수도 있고 다양한 상을 받을 수 있는 기회도 많이 있습니다.

저는 컬러가드와 드릴팀에서 활동을 했습니다. 컬러가드는 학교의 기수단으로 매일 아침 30분씩 일찍 일어나서 미국 국기, 학교를 상징하는 교기, 인디애나주 주기를 게양하는 것이 주요 임무이며, 학교 주요 행사가 있을 때는 다섯 명의 컬러가드 멤버가 한 팀을 이루어 양쪽에서는 소총병이 소총을, 가운데 3명은 무거운 미국 국기, 주기, 교기를 들고 30분에서 1시간 동안 부동자세로 서있어야 했고, 때에 따라서는 학교의 모든 시선이 집중되는 곳에서 줄을 맞춰 행진을 해야 하기도 했습니다.

정직하게 말하면 일반 군인들도 힘들어하는 무거운 깃발과 소총을 매고 움직이지 않고 서있거나 똑바로 줄을 맞춰 행진하는 것은 정말 혹독한 일이었습니다. 하지만 사람들의 모든 시선을 받는 입장에서 많은 자신감을 얻을 수 있었고, 우리 학교를 대표하는 컬러가드 멤버로서 내 자신을 훈련시키고 완벽하게 준비하지 않으면 안 된다는 사고방식을 가지게 되는 큰 계기가 되었습니다. 그리고 바로 이러한 완벽함을 갖추기 위해 노력하면서 근면성, 직업에 대한 전문성, 리더십 능력을 키우는 것이 인생을 살아가는 데 있어 얼마나 중요한지 배울 수 있었습니다.

또한 이러한 능력은 쉽게 얻어지는 것이 아니라 자신이 땀을 흘려 노력을 해야만 비로소 성취할 수 있는 아주 중요한 가치라는 것을 알 수 있었습니다. 컬버와 같은 사관학교의 가장 큰 장점은 바로 모든 사람들이 똑같은 위치에서 시작한다는 점입니다. 그 어느 누구도 차렷자세, 총 다루는 법과 구두 닦는 방법을 선행 학습해 오지 않습니다. 모든 학생들은 똑같은 위치에서 새롭게 시작하며 타고난 재능보다는 자신의 노력, 열정, 그리고 근면함만이 이곳에서 성공하기 위해 필요한 모든 것입니다.

언뜻 보면 '밀리터리 아카데미'이기 때문에 군사교육에만 시간을 쏟아붓는 학교라는 인상을 받기 쉽지만 실상은 그렇지 않습니다. 학생에게 가장 중요한 학업을 위한 최고의 지원을 하고 있으며 다양한 스포츠, 클럽활동도 할 수 있습니다. 학업, 군사시스템, 스포츠 등은 엄격하게 구분이 되어 있으며, 절대로 군사교육이나 기타 사관학교의 시스템 때문에 학업이 방해를 받는 일이 없도록 학교에서 잘 관리하고 있습니다.

통상적인 수업시간은 오전 8시30분부터 오후 3시15분까지로 이 시간 동안에는 어떠한 군사교육 및 관련 활동도 허락되지 않으며, 4시부터 6시15분까지는 스포츠 활동을 하고, 7시30분부터는 11시까지는 자신의 숙제와 공부를 할 수 있는 시간으로 학생들이 체력도 키우면서 충분한 공부시간을 가질 수 있도록 배려하고 있습니다. 컬버의 이러한 학업, 스포츠, 그리고 군사교육 시스템을 차별화하려는 노력은 매년 많은 컬버 졸업생들이 아이비리그를 비롯한 미국의 유수 명문대에 진학하는 데 큰 도움을 준다고 생각합니다. 올해에도 아이비리그 대학에 합격한 학생들이 상당수 있으며 웨스트포인트나 미해군사관학교에도 10명 정도가 입학허가를 받았습니다.

사립사관학교를 다니는 한국인 학생으로서 학교에 항상 감사하게 생각하는 것은 이러한 학교들은 학생들을 어린이 취급하지 않는다는 것입니다. 학생들을 이끄는 것은 학생들 바로 자신들이며, 학생들은 모든 일상 생활에서 부모님과 어른의 도움을 필요로 하는 아이로 취급 받는 것이 아니라 하나의 리더와 성인으로서 취급을 받습니다. 그렇기에 남들을 이끌고 자신을 발전시키는 과정에서 더욱더 인격적으로 성숙하게 되고, 인생살이의 가장 중요한 요소 중 하나인 자신감을 얻게 되는 것 같습니다. 그렇기에 저는 사관학교 생활에 만족을 하고 있고, 유학을 준비하고 있는 제 또래 학생들과 그들의 부모님들께도 사립사관학교 지원을 적극 추천해 드리고 싶습니다.

　나는 시아버지, 남편, 아들이 3대째 같은 사립사관학교를 나온 한국인 엄마다. 우리 아들이 군대식으로 생활하는 사관고등학교에 다닌다고 하면 거의 대부분의 사람들이 의아해 하고 혹시 우리 아이가 문제가 있는 것은 아닌지, 어떻게 그런 힘든 결정을 하게 됐냐고 물어보는 사람들이 종종 있다. 사관고등학교라는 것이 제복을 입고 엄격한 통제를 받으며 생활해야 하는 곳이기 때문에 선입견을 가지고 있거나 우리 아이를 그런 학교에 보낼 수 있을까 하고 고심하는 분들이 많은 것 같다. 그래서 지난 200년간 미국의 훌륭한 리더들을 배출해 낸 사립사관학교에 대한 올바른 이해가 필요하다고 생각되어 엄마로서의 경험담을 소개하기로 마음을 먹었다.

　3대째 사립 사관고등학교를 다닌 가문의 며느리, 그리고 한 아이의 엄마로서 자신 있게 말할 수 있는 것은 미국의 사립 사관고등학교는 일반 사립학교 커리큘럼에 군사교육을 접목시킨 특별한 학교로 사춘기 청소년들이 공부는 물론 미래 리더로써 갖춰야 할 다양한 지식과 덕목을 실생활을 통해 배우고 자신의 것으로 소화할 수 있도록 종합적이고도 섬세한 교육 프로그램을 갖추고 있다는 것이다. 부모라면 아이들이 어떻게 하면 잘 자랄 수 있을까라는 생각을 수만 번도 더 해봤을 것이다. 나는 인생에서 진정한 성공을 위해서는 어릴 때부터 공부벌레가 되는 것보다는 공부와 더불어 책임감 있는 성인으로 올바르게 성장하는 데 필요한 산 경험이 가능한 교육을 받아야 한다고 생각했고 사관고등학교는 그러한 내 생각과 너무도 잘 부합되는 학교였다. 물론 대학준비 학교로서 대학진학을 위한 체계적인 일반 교육 커리큘럼 또한 갖추고 있지만, 사관고등학교에서는 공부 외에도 일반 학교에서 경험할 수 없는 다양한 도전을 통해 스스로 문제를 해결하는 능력을 배울 수 있도록 배려하고 있다. 또한, 대학에 들어가면 가장 중요한 것이 자기 시간관리인데 사관학교를 졸업한 학생들은 이러한 면에서는 정말 뛰어난 능력을 갖게 되는 것 같다. 그리고 사관고등학교의 선생님들은 학생들에게 매우 협조적이고, 아이들의 상황에 맞는 적절한 도움을 많이 주기 때문에 부모님의 특별한 관리가 없어도 아이들이 올바르게 성장할 수 있는 아주 훌륭한 환경이 조성되어 있다는 것이 큰 장점이다. 또한, 학생들에게 스포츠, 음악, 스피치팀 등 여러 다른 과외 활동 참여를 장려하고 있는데, 이러한 다양한 학교 활동을 통해서 얻는 교육 또한 학생들이 사회에 진출할 때 실질적인 도움을 주고 있다. 이외에도 모든 학생들은 자기 종교를 선택하여 일요일마다 기독교, 천주교, 이슬람교, 불교, 유태교 등의 종교행사에 참여해야 하는데 이를 통해 학생들은 맑고 건전한 정신으로 생활할 수 있는 힘을 얻게 된다.

우리 아들이 사관고등학교를 가게 된 것은 우리 집안 남자들뿐만 아니라 여자형제 두 명을 합쳐 총 6명의 식구가 모두 같은 사관학교를 나왔기 때문에 어쩌면 너무도 자연스러운 일처럼 여겨졌다. 그러나 우리 아들 마이클은 처음에 사관학교에 입학하는 것을 싫어했다. 당시 우리 가족은 시카고 외곽에 위치한 위네트카Winnetka라는 도시에 살고 있었는데 그 동네에도 아주 훌륭한 공립고등학교가 있었고 아들은 정들었던 중학교 친구들을 떠나서 굳이 먼 곳에 있는 보딩스쿨에 가는 것이 내키지 않았던 것이었다. 우리 아이는 영리한 편이었지만 주의가 약간 산만해서 성적은 심한 잔소리를 안 들을 정도로만 유지하고 그 이상 노력을 하지 않았다. 그러나 자신이 좋아하는 스포츠

나 친구를 사귀는 사교 활동은 너무나 신통하게 아무런 잔소리 없이도 스스로 챙기고 열심히 해나갔다. 아들의 이런 활발한 성격이 사관학교와 잘 어울릴 거라 판단한 우리 부부는 많은 대화와 설득 끝에 1년만

이라도 다녀보기로 합의하고 아들을 컬버 밀리터리 아카데미에 입학시켰다. 결론부터 말하자면 아이는 올해 졸업 후 아버지의 뒤를 따라 미국 육군사관학교에 합격하여 미식축구 선수로 활동하면서 공부도 열심히 하는 늠름한 청년으로 성장해주었다.

사실 아들이 사관고등학교를 다녔던 지난 4년을 돌아보면 부모 마음에 들게 잘 해준 것이 더 많지만, 부모 속을 뒤집어 놓은 적도 더러 있었

다. 그러나 우리 부부는 항상 아들이 갖고 있는 장점들에 초점을 맞추고 자식에 대한 지나친 기대를 접도록 많은 노력을 했다. 미국인인 내 남편은 한국인 엄마인 나를 보고 아들을 너무 보호하면서 키운다며 가끔 핀잔을 주기도 했다. 남편의 의견은 대충 이렇다. '아이들은 스스로 좋고 나쁜 일을 판단할 수 있도록 스스로 경험하면서 자라야 하고 또 그렇게 키워야 한다. 그래서 스스로 자기 일을 결정할 수 있게 하고, 혹시 실수를 하면 거기에 따르는 결과에 책임을 지면서 삶의 교훈을 얻어야 한다. 또한, 어른의 조언이 필요하면 언제든지 부모, 학교 선생님, 코치, 사관학교 멘토 등과 대화를 나누며 의사소통할 수 있는 능력을 키워줘야 한다.' 남편의 이런 말을 들으니 그 동안 내가 잘못하고 있었다는 느낌이 들었고 아들이 생도로서 하루하루 성장하는 모습을 보면서 남편의 말에 더욱 확신을 갖게 되었다. 또한 사관학교라는 곳이 아이들의 성장에 정말 좋은 영향을 줄 수 있다는 생각에 새삼 고마운 마음이 들기도 했다.

그러나 사실 한 아이의 엄마로서 학생들의 모든 일거수일투족이 엄격한 규정에 의해 통제되고 관리되며 일반 학교 커리큘럼에 군사교육까지 받는 사관고등학교에 보내고 나서 처음부터 맘이 편했던 것은 아니다. 9학년으로 처음 컬버에 입학한 아들의 학교 스케줄을 보니 이걸 우리 아이가 견뎌낼 수 있을까 하는 걱정부터 앞섰다. 일반적인 학교 수업뿐만 아니라 신입생도로서 갖춰야 할 기본적인 제식 훈련과 기초교육을 받아야 했고, 수업 후에는 미식축구 연습, 그리고 매주 금요일에는 경기 출전 등 정말 바쁜 일정이었다. 아니나 다를까 입학한 지 얼마 안되어 군사교육이 싫다, 선생님이 마음에 안 든다, 집에 가고 싶다는 둥 흔히 사춘기 청소년들이 하는 여러 가지 불평이 쏟아져 나오기 시작했다. 미식축구 연습을 하면서 부상을 당해 조금 우울해 하기도 해서 걱정이 이만 저만이 아니었다. 그러나 그것도 잠시, 다행히도 9학년 말부터는 학교 생활에 익숙해졌는지 불평이 확연히 줄어들기 시작했다. 군사교육에도 빠르게 적응해갔고 스포츠 활동도 예전처럼 스스로 즐기기 시작했다. 방 치우기, 쓰레기 비우기, 화장실 청소 등등 집에서는 제대로 하지 않았던 그런 일들을 혼자 척척 해냈고, 동료 생도들과 함께 생활하면서 협동 정신도 많이 배워나가는 느낌이었다. 9학년을 끝내고 여름방학 동안 집에 와서 옛 친구들을 만나고 돌아와서는 자기가 변했는지 친구들이 변했는지 몰라도 뭔가가 다르다는 얘기를 종종 하기도 했다.

아이가 학교를 집처럼 편안히 느끼기 시작하면서부터 성적도 달라졌다. 10학년 초까지는 성적을 보통 수준으로 유지를 하더니, 10학년 말부터는 공부에 신경을 많이 쓰는 모습이 확실히 보이기 시작했다. 11학년부터는 군사교육 공부도 더 열심히 하고, 미식축구도 열심히 해서 인디애나주 전체 최우수 선수 25명에 선발되기도 했다. 우리 아들은 스포츠를 안 하면 못 사는 아이였기 때문에 미식축구를 정말 열심히 했고, 결국은 그것으로 인해 공부도 더 열심히 하게 되었다. 컬버에서는 학교 대표팀 선수들 성적이 나쁘면 경기에 참여할 수 없도록 했기 때문이었다.

12학년에 올라가서는 미식축구팀 공동주장은 물론 생도 대대장으로 진급하면서 150명 생도들을 관리하고 지휘하는 책임이 주어졌다. 친구들과 뛰어놀기 좋아하는 천진난만한 소년에서 의젓하면서 자신감에 찬 청년으로 성장한 것이다. 체계적인 리더십 교육과 인내심을 길러주는 사관생도 생활을 통해 인생에서 어떠한 도전에도 스스로 잘 대응할 수 있는 청년으로 자란 아들의 모습을 보면서 사관학교 교육체계가 자라나는 청소년들에게 얼마나 유익한 교육체계인지 몸소 느낄 수 있었다.

남편과 나는 지난 몇 년 동안 컬버 밀리터리 아카데미의 학부형 협회 이사로서 봉사를 해왔고, 특히 남편은 학교 스포츠 활동에 적극적으로 참여했다. 나는 학부형협회 커뮤니케이션 위원회에서 한국 학부모들에게 연락을 드리는 업무를 맡아서 했다. 우리 아들이 신입생으로 시작할 때만 해도 한국 학생들은 다른 과외 활동이나 스포츠, 군사교육에는 큰 관심을 갖지 않았는데, 지금은 여러 분야에서 열심히 적극적으로 참여하는 모습을 보면서 너무 자랑스럽고 기특하게 느껴진다. 또한, 자식들이 더욱 적극적인 학교 생활을 할 수 있도록 리드를 해주는 한국 학부형들의 교육열 또한 대단함을 느낄 수 있었다.

이런 교육열 때문인지 몰라도 요즘들어 한국 아이들의 사관고등학교 지원율이 점점 높아지고 있는 추세인 것 같다. 하지만 남의 입에 맞는 음식이 내 입이나 내 자식한테 똑같이 맞을 수는 없다고 본다. 내가 사관고등학교의 교육체계가 아무리 좋다고 말을 해도, 어떤 사람들에게는 전혀 맞지 않을 수도 있는 문제다. 중요한 것은 자신의 아이들에게 가장 잘 맞는 학교를 선택하는 것이다. 그럼에도 한 가지 말씀을 드린다면, 아이들을 공부만 하는 기계로 만들지 말고 좋은 성품, 건강한 체력, 건전한 정신으로 잘 자랄 수 있도록 좋은 길로 인도해 주고 그렇게 성장을 할 수 있는 기회를 자주 접하게 해주면 좋겠다는 것이다. 요즘 미국에서도 애들을 너무 나약하게 키운다는 말이 많다. 미국에서 유행하는 말 중 '헬리콥터 부모'라는 말이 있는데 이것은 자녀들 주위를 빙빙 돌면서 실수를 못하게 이것 저것 대신 해주는 부모를 뜻하는 말이다. 이렇게 자라난 아이들이 나중에 사회로 진출하면 과연 부모의 도움 없이 제대로 생존할 수 있을지 걱정하지 않을 수 없다.

언젠가 우리 아들이 자신을 사관고등학교에 보내줘서 너무나 고맙다고 한 적이 있다. 자신도 힘들었던 시간이 있었지만 졸업을 할 때 돼서 되돌아 보니 이 학교의 모든 것이 자신이 성장하는 데 너무나 큰 도움이 됐다고 느낀다는 것이었다. 사관학교를 다니다 다른 학교로 전학하는 학생들이 가끔 있는데 아들은 그것은 사관학교가 정말 어떤 곳인지 제대로 이해하지 못했기 때문이라고 자신 있게 말하기까지 한다. 이런 말을 들으니 이 아이가 정말 언제 이렇게 자랐나 하는 생각이 들고 정말 기특하기도 하다. 사관고등학교 입학을 꿈꾸고 있다면 한번 큰 마음을 먹고 시간과 마음을 투자해 볼 것을 추천해 드리고 싶다.

김현동

에드머럴 파라것 아카데미 졸업생 (2010년 졸업 / 생도 중대장 / 전교 2등 졸업)

이 글은 김현동 군의 졸업식 연설문을 에드머럴 파라것 아카데미의 동의를 받아 한글로 번역한 것입니다.

안녕하십니까? 저는 올해 전교 2등으로, 생도 중대장으로 졸업을 하게 된 김현동입니다. 저는 한국에서 왔으며 집을 떠나 외국에서 공부를 한 지 벌써 5년이 지났습니다. 그 중 3년을 에드머럴 파라것 아카데미에서 보냈는데 여기서의 생활은 제게는 너무나 소중한 것이었습니다. 지난 3년간 에드머럴 파라것 아카데미를 다니면서 많은 것을 배웠지만 가장 중요한 것이 타인에 대한 존경심, 우정, 다양한 문화에 대한 인식, 그리고 리더십이라고 생각합니다. 이러한 소중한 배움이 있었기에 제가 조금 더 성숙해 질 수 있었습니다. 이곳에서 많은 것을 성취했지만 그 중에서 가장 특별하고 가치 있게 생각하는 것은 리더십 경험이었습니다. 너무나 소중한 경험이었기에 오늘 이 자리에서 저의 친구들, 부모님들 그리고 선생님들께 그 얘기를 들려드리고 싶습니다.

제가 드릴팀 멤버로 활동하고 있었던 때의 일입니다. 하루는 저의 후배 생도가 제게 던진 말에 매우 당황했던 적이 있었습니다. 그는 "선배는 지휘를 정말 너무 못합니다. 저는 더 이상 못하겠습니다"라며 아주 직설

적으로 말을 건넸습니다. 그의 말에 저는 화가 났고 혼란스럽기까지 했습니다. 얼마 후에는 3명만 남고 모두 저의 팀을 떠나 버렸습니다. 제가 지휘하던 팀은 최고는 아니었지만 그렇다고 꼴지도 아니었습니다. 드릴팀 시합에서 상을 탔었던 적도 있었죠. 그때 제 머리는 놀라움, 자기회의, 배신감, 황당함 등으로 꽉 차 있었습니다. 그러면서도 나는 과연 좋은 리더인가? 좋은 리더란 무엇인가? 여기에 대한 답은 있는 것인가? 등의 고민을 하게 되었습니다. 저는 가끔 제가 지휘하던 드릴팀에서 성숙하지 못하게 행동했던 때를 생각하곤 합니다. 저의 팀 멤버들 의견을 경청하지 않고 이기적으로 제 자신에게만 귀를 기울이려고 했습니다. 우리 팀은 매일 2시간씩 훈련을 했고 저는 학교 시합에서 우승을 하는 것에만 혈안이 되어 있었습니다. 저는 팀원들의 말은 신경 쓰지 않았고 나의 욕심에 눈이 어두웠습니다. 그러나 제가 저의 이런 실수를 깨달았을 때 저의 팀은 이미 존재하지 않았습니다. 그 사건을 계기로 저는 '리더는 나를 따르는 이들을 존중할 줄 알아야 한다'는 리더십의 기본을 뼈저리게 깨달을 수 있었습니다.

저는 드릴팀 지휘 실패를 뒤로 하고 엔지니어링에 심취하기 시작했습니다. 컴퓨터를 이용해 로봇, 빌딩, 다리를 설계하는 데 많은 시간을 보내게 되었고, 같은 취미가 있는 친구들과 아이디어를 공유하고 협력하기 위해 '엔지니어링 소사이어티Engineering Society'라는 교내 클럽까지 만들게 되었습니다. 처음에 클럽 멤버를 모집할 때는 어려움이 많았는데, 그 어려움을 통해 저는 커뮤니케이션의 중요성을 깨달았습니다. 그래서 저는 학교 생도들에게 관심 있는 분야가 무엇인지 먼저 생각을 해보고 관심분야가 비슷한 생도들이 함께 클럽에 조인해 줄 것을 요청했습니다. 그렇게 멤버가 모이기 시작하면서 저는 멤버들을 또 한 번 웹사이트 디자인, 3차원 빌딩 디자인, 로봇공학 등 각자가 가장 관심 있고 잘 하는 분야로 세분했습니다. 이러한 초기 노력이 성공하여 엔지니어링 소사이어티는 계속 커갔고 현재는 엔지니어링에 열정을 가진 30명 이상의 멤버를 가진 클럽으로 성장했습니다. 저는 이 클럽에서 중요한 결정을 내려야 할 때는 항상 회의를 소집해서 멤버 모두가 함께 최종 결정을 할 수 있도록 했습니다. 우리는 그렇게 심혈을 기울여 학교 웹사이트를 이용한 3차원 학교 투어 프로그램을 만들어 발표했고, 러시아의 고등학교 교장단이 학교를 방문했을 때 이 프로그램을 성공적으로 시연하여 저는 메달까지 받았습니다. 하지만 저는 제가 훌륭해서 메달을 받은 것이 아니라 우리 팀이 함께 목표 달성을 위해 노력을 했고 팀 멤버들이 제 지휘를 잘 따라줬기 때문이라는 것을 알고 있습니다. 또한 우리 클럽은 미국 상무부에서 지원하는 인터넷 과학기술 대회(ISTF: Internet Science & Technology Fair)에서 3등 상을 받는 성과도 이뤄냈습니다.

리더란 자신이 대표하는 사람들을 위해 일하는 것입니다. 저의 동료 생도 중에 제가 추구하고자 했던 모든 리더십 자리에 맞는 능력을 갖춘 친구가 있었습니다. 저는 제 자신의 리더십 능력에 대해 매우 비판적이기는 했지만 제가 더 많은 것을 보여주면 사람들이 자연스럽게 저를 따를 것이라고 항상 생각했었습니다. 하지만 이 친구와 친해지게 되면서 주위 사람들이 왜 그 친구의 리더십을 더 높게 평가하는지 이해할 수 있었습니다. 그 친구는 자기 자신을 주위 사람들보다 더 우수하다고 생각하지 않았고, 그것이 그의 가장 큰 장점이었습니다. 그 친구는 남들에게 자신의 능력을 내세우려 하지 않았고 권위를 내세우려 하지도 않았습니다. 그가 보여준 리더십을 이해하면서부터 저는 변하기 시작했고, 4학년 때는 제게 많은 긍정적인 변화가 있었습니다. 학생회 멤버로 선출되었고 전미 스페인어 우등생클럽인 내셔널 스페니쉬 오너 소사이어티National Spanish Honor Society의 학교 부회장, 전미 우등생 클럽인 내셔널 오너 소사이어티National Honor Society의 학교 서기에 선출되었습니다. 또한 생도 중대장으로서 생도들의 선두에서 지휘를 할 때면 생도들이 저를 진심으로 따라준다는 것을 가슴으로 느낄 수 있었습니다.

저는 이런 학교 생활들을 통해 훌륭한 리더가 되기 위해서는 자신이 지휘하는 동료 및 부하들에 대한 존중, 대화, 협력이 매우 중요하다는 큰 교훈을 얻었습니다. 간디Gandhi는 "리더십이라는 말이 한때는 힘을 뜻했지만, 오늘날에는 사람들과 호흡을 맞추는 것을 말한다"라고 말한 적이 있습니다. 저는 한동안 리더십에 대한 잘못된 개념을 갖고 있었습니다. 지금도 완벽한 리더는 아니겠지만 믿고 따를 가치가 있는 리더가 되기 위해 열심히 노력하고 있다는 것만은 확실히 말씀 드릴 수 있습니다.

우리학교는 정말 기회가 넘쳐나는 곳입니다. 학교의 적극적인 지원이 없었다면 클럽을 만들고 대회에서 상을 받고 생도대의 리더가 되는 이 모든 것들이 불가능했을 것이라고 생각합니다. 또한 선생님들의 지도가 없었다면 세계대회에 엔지니어링 관련 연구보고서를 제출하는 기회도 얻지 못했을 것입니다. 저는 이곳에서 세상이 얼마나 큰지, 내가 할 수 있는 일이 얼마나 많은지, 또 무엇을 해야 하는지 배울 수 있었습니다. 저는 이제 대학에 진학을 해서 더 많은 것에 도전할 것입니다. 앞으로도 많은 난관들이 있겠지만 이제 저는 제 자신을 관리하고, 사람들과 잘 어울리고 나아가 사회의 일원이 되는 방법을 알고 있기에 두렵지 않습니다.

3년이란 소중한 시간을 보낸 에드머럴 파라것 아카데미를 떠나려고 하니 참 어렵습니다. 제 인생의 다음 단계를 위해 대학으로 가지만 학교에 대한 추억은 제 마음에 영원히 남아 있을 것입니다. 이렇게 훌륭한 학교를 다닐 수 있는 기회가 제가 주어졌다는 사실과, 이곳에서 너무나 많은 것을 얻을 수 있었다는 사실에 너무나 감사드립니다. 좋은 친구들, 최고의 선생님들, 그리고 매우 특별한 가르침을 준 에드머럴 파라것 아카데미가 있었기 때문에 우리 모두 이곳에서 이렇게 자랑스럽고 자신감 넘치는 모습으로 서있을 수 있다고 생각합니다. 감사합니다!

정 륜

캠퍼 밀리터리 스쿨 졸업(1989 ~ 1991)

입학

1989년 가을 나는 미국 중부 미주리 주에 위치한 캠퍼 밀리터리 스쿨에 입학했다. 남북전쟁 전인 1844년에 설립된 미국에서 2번째로 가장 오래된 사관학교였다. 미국에 도착한 지 며칠 후 학교의 입학담당자와 면담이 있어 오후에 어머니와 함께 학교로 향했다. 고속도로를 타고 학교로 향하면서 주위를 둘러 봤더니 제대로 된 건물 하나 보이는 것이 없었다. 넓고 넓은 밭, 목장, 울창한 나무숲 외에는 보이는 것들이 없었다. 드문드문 젖소 농장에서 나는 배설물 냄새가 코를 찌르기도 했다. '미국에도 이런 곳이 있구나……'라는 생각을 하면서 문득 내가 정말 사진에서 본 멋진 학교에 가고 있기는 한 건지 의심을 하게 되었다. 아무리 달려도 사진에서 본 늠름한 생도들이 다니는 사관학교가 나올 것 같은 기미가 안보였기 때문이다.

고속도로를 타고 한참을 달리다가 '분빌^{Boonville} 인구 6,700명'이라고 적혀진 초록색 푯말이 있는 출구를 타고 다시 10분 정도를 달리니 도시라고 부르기에는 너무나 아담한 마을 하나가 나왔다. 그 도시에서 가장 큰 건물은 월마트였고, 보이는 것은 조그마한 집들과 나무들뿐이었다. 마을 속으로 한참을 들어가자 차창 밖 저 멀리 드디어 사진에서 봤던 빨간색 벽돌의 건물들이 보이기 시작했다.

차에서 내려 건물로 들어가려고 하는데 어디서 큰 고함소리, 구령소리, 힘찬 노래 소리가 들려왔다. 생도들이 모두 같은 운동복을 입고 군가를 부르며 열심히 구보를 하고 있었다. 학교 중앙 건물 옆으로 보이는 잔디 연병장에서는 학교 의장대 시범단이 열심히 훈련하는 모습이 보였고, 또 어떤 생도들은 야외 벤치에 앉아 즐겁게 담소를 나누고 있었다. 학교 소개서에서 봤던 모습 그대로였다. 그렇게 나의 2년간의 캠퍼 생활은 시작되었다.

생도의 늠름함에 매료되다

캠퍼에 입학한 다음날 새벽 6시 기상나팔과 함께 일어나 15분만에 제복으로 갈아입고 중대 복도에 모두 집합을 했다. 6시20분까지 아침점호 집합장소에 줄을 맞춰 이동하니 거기에 5개 중대 생도들이 모두 정확한 대열에 맞춰 늠름한 모습으로 서있었다. 이제 막 떠오르는 붉은 태양이 소연병장과 생도들의 푸른 제복을 스쳐가는 모습이 마치 영화의 한 장면을 보는 듯 했다. 생도들이 모두 모였는지 여러 가지 구령이 오고 갔다.

"부대차렷^{Bring your unit to attention}", "현재인원 총인원 320명, 근무 5명, 입원 2명, 특별휴가 1명, 현재인원 312명 이상입니다!" 일조점호 인원체크였다. 그때 당시만해도 난 영어를 잘 못했기 때문에 다른 건 하나도 안 들리고 숫자만 들렸다. '부대차렷'도 무슨 말을 하는지 전혀 몰라서 옆 동료 생도들이 하는 것을 보고 따라해야 했다. 제대로 알아 듣지는 못했지만 한 가지 확실했던 것은 그렇게 우렁찬 목소리로 부대를 지휘하고, 또 그 구령에 맞춰 일사불란하게 움직이는 선배 생도들의 모습이 너무나 감동적이고 멋져 보였다는 것이다.

"생도 생활 제대로 하려면 다림질과 청소하는 방법부터 배워!"

나는 다림질과 청소는 누구보다도 더 잘한다고 자부한다. 사관학교에서 선배들이 처음 가르쳐 준 것이 다림질과 청소하는 방법이었기 때문이다. 사관학교에서는 매일 제복을 입어야 하기 때문에 자주 입지 않는 행사용 제복을 제외하고는 매일 직접 제복을 다려야 했다.[*]

16살에 직접 다림질을 하며 생활하는 학생이 얼마나 되는지는 모르겠지만, 사관학교에 가면 그것은 모든 학생들의 기본이 된다. 다림질과 청소 외에도 구두 닦는 방법, 제복에 착용하는 명찰 및 각종 휘장 등의 관리법, 개인침대 관리방법, 책상 정리법, 옷장 정리법 등을 배우게 되는데 이모든 것들이 학교 역사와 전통에 따라 조금씩 다르지만 대부분이 JROTC 규정에 의거하여 교육된다.

---

* 학교 세탁소에 맡기면 기본적으로 세탁과 다림질을 해주지만, 맡길 수 있는 제복 숫자가 제한되어 있기 때문에 다림질은 필수라고 할 수 있다.

신입생도는 생도로서 갖춰야 할 이러한 기초 노하우를 신입생 교육기간에 완벽하게 습득해야 한다. 그 시절의 기억은 지금도 너무 생생해서 바로 어제의 일만 같다. 캠퍼에서는 청소와 다림질을 못하는 생도는 기본이 안 되어 있는 생도로 낙인 찍히기 일쑤였다. 그럴 수밖에 없는 이유가 다림질은 매우 개인적인 일이며 제복의 다림질 상태를 보면 생도가 어느 정도 섬세하고 성실한지 알 수 있기 때문이다. 매일 중대원들을 일렬로 세워놓고 제복 착용 상태를 10분 동안 검사를 하는데 제복을 제대로 다리지 못했거나, 청결 상태가 불량한 생도들은 벌점을 받기도 한다.

청소는 개인적이면서 또한 생도들간에 협동정신을 평가하는 매우 기본적인 기준이 된다. 생도가 하는 청소의 종류는 총 3가지이다. 첫째, 2~4명의 생도가 함께 생활하는 생도방 청소. 둘째, 생도가 속한 중대 건물에 대한 청소. 그리고 셋째로 캠퍼스 전체 청소가 있다. 2명 이상이 생활하는 생도방의 경우 한 사람이 아무리 청소를 잘해도 함께 방을 쓰는 나머지 생도가 청소를 잘못하면 함께 벌점을 받게 된다. 따라서 생도들은 룸메이트와 함께 생활하면서 협동하는 방법을 배우게 되고 그럼으로써 더욱 훌륭한 생도로 거듭나게 된다. 16살의 나이면 집에서 형제들과 사소한 일을 갖고 티격태격 할 나이인데 사관학교에서는 성숙하게 서로를 도와가며 생활하는 방법을 배우기 때문에 자라나는 청소년들에게 올바른 생활습관을 길러주는 데 더할 나위 없이 좋은 환경이 된다고 생각한다.

사실 다림질과 청소 등 이런 사소한 것들이 교육에 무슨 도움이 되느냐, 공부만 잘하면 되는 것 아니냐고 생각할 수도 있지만, 어린 나이부터 자신의 생활환경에 대해 세심하게 관리하는 훈련을 하는 것은 향후 리더로서 성장하는 데 큰 기반이 될 수 있으며 이러한 좋은 습관은 평생 이어지기 때문에 그 가치는 시간이 흐를수록 빛을 발하는 것이다.

　요즘 중고등학생들은 학교는 물론 아침저녁으로 학원을 가느라 이런 훈련을 할 수 있는 기회가 없음은 물론 부모들도 맞벌이 부부가 많아 이런 생활교육을 시킬 수 있는 기회도 별로 없는 것이 현실이다. 사실 사관학교에 자식을 보내는 수많은 미국 학부모들 중에서도 맞벌이 및 바쁜 사회생활로 이러한 교육을 제대로 시키지 못하기 때문에 사관학교를 선택하는 경우가 많다. 어차피 가정에서 아이들에게 제대로 신경 써 줄 여건이 안 되고 일반 학교에서도 올바른 교육이 되지 않는다면 차라리 조금 더 투자를 하여 부모의 특별한 가르침이 없이도 책임감 있고 혼자 설 수 있는 그러한 훌륭한 성인이 되도록 하자는 결단으로 아이들을 사관학교에 입학시키는 것이다. 그리고 대부분의 부모들이 그 결과에 만족한다.

17살에 80명의 조직을 관리하다

　우리나라 학교에도 학생회장, 반장 등 학생으로서 할 수 있는 다양한 리더 자리가 있다. 그러나 그 어떤 학교에서도 리더십이 무엇인지 체계적으로 제대로 가르쳐 주는 곳은 없는 것 같다. 반면 미국의 사관학교에서는 JROTC 리더십 교육과정과 생도 생활을 통해서 리더십 그 자체를 실제로 체험할 수 있다. 이론과 실무 모두 오랜 세월 동안 시행착오를 거쳐서 만들어진 미군의 교육체계를 바탕으로 만든 것이기 때문에 중고등학교 과정에서 일반적으로 받을 수 있는 단기 리더십 교육이나 학생회 등을 통해 얻을 수 있는 경험과는 그 범위와 질에 매우 큰 차이가 있다고 하겠다. 이렇게 사관학교에서 쌓은 리더십 경험은 대학, 대학원, 사회에 진출을 하면서 새로운 환경에 적응하고 자신을 발전시켜 나가는 데 필요한 친화력, 용기, 문제해결능력, 전반적인 조직운영 능력의 훌륭한 토대가 된다.

한 예로 내가 중대 일등상사의 보직을 맡았을 때의 얘기를 해볼까 한다. 캠퍼에 입학한지 1년 정도 되었을 때 나는 중대 일등상사라는 계급과 직책을 맡게 되었다. 사관학교에서는 학업도 중요하지만 생도로서 갖춰야 할 리더십 및 미래의 리더로서 갖춰야 할 역량을 키우기 위하여 다양한 리더십 경험을 해야 하는데 그 중 가장 힘든 직책 중 하나가 중대 일등상사라는 직책이다. 물론 그 위로 생도 중대장이 있기는 하지만 생도들의 일거수일투족을 관찰 및 평가하는 실질적인 '관리'에 대한 일을 하는 일등상사는 생도들 중에서 가장 일찍 일어나고 또 가장 늦게 자는 사람이 되어야 한다.

일등상사로서의 하루를 돌이켜보면 매일 아침 기상나팔이 울리기 전인 새벽 5시30분에 깨어나 미리 제복을 모두 갖춰 입고 중대원 전원을 기상시켜서 인원체크를 하고 중대장 보고를 한 후 6시20분까지 점호 집합 장소로 인솔, 저녁에도 마찬가지로 중대원 인원체크를 하고 다음날 일정 관련 지시사항 전달, 중대 막사 청소 및 생도방 정리정돈 상태 검사, 환자 및 야간학습 등 특이 보고사항을 등을 체크, 취침점호 후에는 막사로 통하는 문들이 제대로 잠겼는지 등의 안전점검을 실시하고 각 생도방을 다니며 모두 취침에 들었는지 확인을 한 후 다음날 처리해야 할 일들에 대한 정리…… 정말 눈코 뜰 새 없이 바쁜 나날이었다. 그렇지만 나는 어른이 되어서도 쉽게 가질 수 없는 다양한 경험을 한 그 시절을 생각하면 아직도 뿌듯함이 밀려온다.

그렇다고 생도로서의 임무 때문에 공부를 못하게 되는 경우는 드물다. 더구나 생도 리더십 자리에 오르는 이들은 대부분이 공부를 잘하고 멀티태스킹이 가능하다고 생각되는 후보들 중에서 선발을 하고 이러한 자리에 오르는 생도들은 후배 생도들에게 모범을 보여야 한다는 의무감과 책임감 때문에 공부도 더 열심히 하게 된다. 나도 리더십 포지션에 올랐을 때부터 생도대 업무로 무척 바빴는데도 성적이 월등히 향상되었던 기억이 난다.

이러한 관리의 임무 외에도 지휘관의 자리에 오르면 동료 및 후배 생도들에 대한 상담을 할 수 있는 권한이 주어진다. 이는 생도대장이 수백 명이 넘는 생도들을 개별적으로 관리할 수 없기 때문이기도 하고 각 중대별로 중대장, 소대장, 일등상사 등에게 상담 권한을 주어 책임의식을 가지고 생도들 간의 화합을 이룰 수 있도록 하여 리더로서의 자질을 향상시키기 위함에 있다.

나도 일등상사로 있는 기간 동안 생도들간의 사소한 문제점들, 중대 분대구성에 대한 불만, 이성과의 문제점 등 생도들이 갖고 있는 다양한 애로사항에 대한 상담을 하고 또 이를 상부에 보고하여 해법을 찾아 해결해 주었던 기억이 아직도 생생하다. 중대 일등상사, 그리고 소대장 자리를 거치면서 내가 가장 절실하게 느꼈던 것은 리더의 모든 결정과 행동에는 그에 상응하는 책임이 뒤따른다는 것이었다. 어떤 조직이든 리더의 자리에 있으면 리더가 취한 모든 행동들에 대한 세부적인 평가가 이루어지며 그 결과에 따른 후속조치가 이루어진다.

한 예로 내가 다녔던 사관학교에서는 장교의 계급을 달면 개인 자동차를 소유할 수 있었고 주말에는 사복을 입고 외출할 수 있는 특권이 주어졌다. 따라서 생도 장교들은 상부에 보고를 하고 생도대 공식 일정과 점호 시간만 지키면 주말만큼은 자유를 누릴 수 있었다. 그런데 당시 학교에서 이름이 잘 알려진 생도 장교 두 명이 주말에 외출을 했다가 부하생도에게 자신들의 임무를 떠맡긴 채 점호 시간을 두 번이나 어겼다. 생도대장이 이 사실을 알게 되었을 때 이들은 그 다음날 징계위원회에 회부되어 일병으로 강등되었고, 졸업할 때까지 다시는 지휘관의 자리에 오르지 못했다. 어떻게 보면 생도 장교로서의 위상을 고려하여 근신 정도의 처벌로 끝날 수도 있었던 사건이었지만, 상급 생도 및 생도 지휘관으로서 모범을 보여야 하는 장교가 자신의 위치와 임무를 망각하고 생도대의 질서를 어지럽혔다는 것을 이유로 학교 측에서 강경한 조치를 했던 것이다.

나는 지금도 사관학교를 졸업한 동기들과 옛날 얘기를 하면서 어린 나이에 이러한 리더십 교육과 실무 경험을 해본 것이 우리들이 삶을 살아가는 데 얼마나 큰 도움이 됐는지 상기하며 큰 마음을 먹고 이러한 학교에 우리들을 보내준 부모님께 너무나 감사하다는 얘기를 하곤 한다.

최근에는 이러한 리더십 교육이 더욱 개선되고 강화되어 육군, 해군, 공군, 그리고 해병대의 JROTC를 구분할 것 없이 모두 훌륭한 리더십 교육과정으로 인정받고 있다. 또한 좋은 사관학교일수록 이러한 리더십 교육과 실무경험이 제대로 이루어지도록 적극적인 지원을 하고 있다.

국가안보의 중요성을 깨닫다

나는 '국방'과 '안보'라는 말만 들으면 마치 내 인생의 한 부분인 것처럼 편하게 들린다. 한 국가의 국민으로서 국토방위의 의무가 있다면 반드시 다해야 하고, 투철한 안보정신을 갖고 살아야 한다는 신념을 가지고 있다. 비록 미국에 있는 사관학교를 나왔지만 그곳에서 배운 국가안보 및 국민으로서 가져야 할 기본적인 자세에 대한 교육은 내가 대한민국 국민으로서 자부심과 책임감을 느끼며 살아가는 데 큰 영향을 주었다.

내가 한국에서 고등학교를 다닐 때만 해도 안보교육은 학교 교육과정의 중요한 한 부분이었다. 물론 세뇌교육적인 측면이 있었지만, 남북한 대치상황에서 당연한 국가적 결정이었다고 생각한다. 이런 안보교육이란 어느 국가에서나 자신이 살고 있는 국가가 어떻게 세워졌으며, 지금까지 우리의 선조들이 어떻게 우리의 안보를 지켜서 여기까지 왔는지를 가르치며, 우리가 처해 있는 안보환경을 분석하고 이러한 환경에서 우리는 국민으로서 앞으로 어떠한 정신으로 살아가야 하는지를 가르치는 것일 것이다. 그러나 미국 사관학교에서 경험했던 안보교육은 그 방식에서 한국의 주입식 교육과는 차원이 틀렸다.

JROTC 프로그램을 제공하는 사관학교에 입학하여 처음 배우는 것 중 하나가 미국 정부의 국가안보 정책 결정체계이다. 국군 통수권자인 대통령 예하 국방부장관, 합참의장, 각군 참모총장, 군 주요장성 등 국방 및

JROTC 관련 주요 정책결정권자들이 누구인지에 대한 교육을 받는다. 또한, 역사적으로 이러한 중요한 인사들이 국가의 주요 정책결정 과정에서 어떠한 역할을 했는지도 배우게 된다. 그리고 사관학교에서는 아주 기초적인 군 조직에 대한 교육부터 군이 지금까지 어떻게 발전되어 왔으며 오늘날의 군의 모습은 어떠한지에 대해 자세한 교육을 실시한다. 이는 미국의 막강한 국방력을 젊은 생도들에게 홍보하는 목적도 있지만, 군에 대한 자세한 내용을 알려줘서 생도들이 국가에 대한 자부심과 충성심을 배양하고 군대의 중요성에 대해 인식하게 하려는 목적이 더 크다고 할 수 있다. 또한, 군 장성, 영관급 장교, 위관급 장교, 부사관, 병사 각각의 역할 및 중요성에 대해 배우면서 한 국가의 군인들이 국토방위를 위해 얼마만큼의 희생과 봉사를 하는지에 대해 확실하게 배우고 느끼게 된다.

안보정책이 만들어지는 과정 외에도 국가안보를 튼튼하기 위해 필요한 다양한 사회문화적 요소들에 대한 교육도 이루어진다. 특히, 첨단 과학기술의 발전이 국가안보에 얼마나 중요한지에 대한 교육을 받음은 물론 방위산업과 국가안보가 어떠한 상관관계를 갖고 있는지에 대한 교육도 이루어진다. 특히, 공군이나 해군 JROTC 생도들은 전투기 및 군용 항공기를 생산하는 대형 방산업체를 방문하거나 해군 함정을 만드는 조선소 견학, 또는 직접 해군 함정에 승선할 수 있는 기회가 주어지기도 한다.

건강한 심신

사관학교에 입학해서 가장 힘들었던 것 중 하나가 튼튼한 체력을 만드는 것이었다. 어릴 때부터 미식축구와 헬스로 몸을 다진 미국 동료 생도들의 체력에 맞추는 것은 정말 힘든 일이 아닐 수 없었다. 나도 한국 사람치고는 작은 체구가 아니었지만 사관학교에 오는 생도들 대부분이 체력 하나만큼은 정말 튼튼했다. 내가 속했던 찰리 컴퍼니^{Charlie Company}(C중대)만 해도 중고등학교 레슬링 선수 출신이 상당히 있었고 축구, 미식축구, 테니스, 농구, 수영 등 대부분의 생도들이 다양한 운동종목을 섭렵하고 있었다. JROTC 규정상 특정 수준의 체력 수준을 갖춰야 했는데, 대부분의 미국 생도들은 다양한 체력 테스트를 문제없이 통과했지만 그들에 비해 체력이 떨어졌던 나는 걱정이 이만 저만이 아니었다. 하지만 걱정도 잠시, 입학한 지 6개월이 지난 나의 체력은 월등히 향상되어 있었다.

매일 하루도 빠짐없이 실시했던 구보와 JROTC 체력훈련을 통해 점점 몸이 튼튼해짐을 느낄 수 있었고, 몸이 튼튼해지니 기분도 좋아지고 스트레스도 쉽게 받지 않았다. 사실 처음 6개월은 사관학교 생활에 적응하고, 생도로서의 기본기를 익히면서 학교 공부도 게을리 할 수 없었기 때문에 순간 순간이 힘들었지만 튼튼한 체력이 갖추어지니 모든 일들이 재미있어지기 시작했다. 또한, 시간이 날 때마다 친구들과 어울려 학교 체육관에 가서 웨이트 리프팅을 하면서 근력도 키웠다. 워낙 어릴 적부터 운동을 많이 하던 미국 친구들이라 리프팅 경험이 전혀 없는 나에게 어떻게 하면 좋은 몸을 만들 수 있는지 친절히 가르쳐주었다.

이렇게 운동을 하다 보니 고등학교를 졸업할 때쯤에는 벤치를 최고 110kg까지 들 수 있었고, 팔굽혀펴기는 한번에 100개는 거뜬히 할 수 있는 튼튼한 체력을 얻을 수 있었다. 사관학교에서 체력을 중시하는 데는 그만한 이유가 있다. 리더가 되기 위해서는 우수한 두뇌와 전략적인 사고도 필요하지만 생사가 엇갈리는 어려운 상황에서도 튼튼한 체력과 정신을 바탕으로 자신을 보호하고 동료와 부하들을 이끌어갈 수 있어야 하기 때문이다. 또한 몸이 튼튼하면 정신이 맑아지고 긍정적 사고 능력이 강화됨은 물론, 학업도 지치지 않고 꾸준히 해나갈 수 있는 것이다.

이렇게 어린 나이에 아침 일찍 운동하는 습관이 있어서 그런지 20년이 지난 지금도 나는 새벽 5시면 기상을 하여 조깅을 하고 수시로 체력단련을 한다. 부끄러운 일이지만 그때 체력과 비교하면 현재 체력은 거의 절반 수준으로 떨어진 것 같다. 하지만 어린 나이에 튼튼한 체력을 길렀기 때문에 지금도 비교적 건강한 생활을 하고 있는 것이 아닌가라는 생각이 들고 이 또한 내가 사관학교에 간 것을 너무나 잘했다고 생각하는 이유들 중 하나이다.

팀플레이어를 만드는 드릴팀Drill Team

미국 사관학교의 JROTC 프로그램 중에서 가장 힘들면서도 학교를 대표하는 것이 드릴팀이다. 사관학교 특별활동의 꽃이라고 할 수 있는 드릴팀은 의장대의 주축으로서 학교내외 각종 행사에서 시범을 보이는 것은 물론 주 및 전국 시합에도 참여하고 각 지역별 공식행사, 스포츠 경기 등에서 시범을 선보이기도 한다.

나는 지금까지도 드릴팀 멤버로서 활동하던 시절을 잊을 수가 없다. 그것은 아마도 완벽함이 요구되는 드릴팀 시범 훈련을 하면서 흘렸던 땀, 우정, 성취감은 물론 학교를 대표할 수 있었다는 자부심 때문인 것 같다. 완벽한 시범을 위해 고도의 정확성과 팀워크는 물론 강한 인내심이 필요한 훈련이 드릴팀 훈련이다. 드릴팀 훈련은 학교마다 조금씩 차이가 있지만 통상적으로 JROTC 수석교관이 직접 지휘 및 관리한다. 드릴팀 멤버 선발도 드릴 인스트럭터Drill Instructor가 직접 하는데 통상적으로 리더십, 성적, 체력 등이 우수한 생도들을 우선적으로 선발한다. 또한 수석교관의 추천 없이는 멤버가 될 수 없는데 드릴팀이 학교를 대표하는 팀이고 워낙 훈련의 강도나 횟수가 많기 때문에 학업을 따라가지 못하거나 리더십이나 체력 등이 약한 생도들은 선발 대상에서 제외될 수밖에 없는 것이다.

드릴팀 멤버가 되는 가장 큰 장점은 팀워크와 인내심을 강화할 수 있다는 데 있다. 드릴팀 시범을 완벽하게 익히려면 많은 땀과 노력은 물론 수많은 타박상을 이겨내야 한다. 또한 12명의 생도들이 한마음이 되어서 완벽한 시범을 보여야 하기 때문에 팀워크, 즉 협동정신을 강화하는 데 아주 효과적이다. 그래서 나는 사관학교 입학을 희망하는 학생들에게 반드시 드릴팀 멤버가 될 것을 권유한다. 물론 사관학교에 대한 초기 적응기간에는 힘든 드릴팀 훈련까지 견뎌내는 것이 힘들겠지만, 어느 정도 적응이 된 상황에서는 자신이 속한 학교를 대표하는 팀의 멤버로서 더욱 자부심을 갖고 생도생활에 멋지게 임할 수 있을 것이다. 또한 자신을 강인한 팀플레이어로 만들어 나가는 데도 큰 도움이 될 것이라고 확신한다.

아침에 일찍 일어난 새가 벌레를 잡는다

사관학교의 영향 때문인지 나는 아직까지도 잠이 별로 없다. 물론 요즘 우리나라 중고등학생들도 아침 일찍 일어나서 학원 강의를 들으러 가고 다음날 새벽까지 공부를 하다가 들어오는 학생들이 많지만 대부분 대학에 입학하자 마자 다시 잠꾸러기로 변하는 경우가 많다. 사관학교를 졸업한 모든 사람들이 일찍 일어나는 습관을 이어가는 것은 아니겠지만, 아마도 대부분의 사관학교 출신들은 주중이건 주말이건 아침에 늦잠을 자는 것이 스스로 용납되지 않을 것이다.

그 이유는 간단하다. 입시를 준비하는 학생들처럼 대학진학이라는 목표 때문에 몇 년만 고생하겠다는 생각으로 새벽부터 학원을 다니게 하는 것이 아니라, 모두가 잠들어 있는 새벽아침을 잘 활용할 줄 아는 사람들이 성공할 수 있다는 것을 실제로 몸으로 느꼈기 때문이다. 특히, 생도 지휘관의 자리에 오르면 아침에 일찍 일어나는 것이 자신을 발전시키고 시간관리 능력을 개발하는 데 얼마나 큰 도움이 되는지 실감하게 된다.

아침에 일찍 일어나 운동을 하고 하루를 준비하는 습관을 길러주는 것은 아이를 가진 부모라면 꼭 해보고 싶은 것 중 하나일 것이다. 하지만 중고등학교의 나이에는 동기부여가 되지 않으면 부모가 아이들에게 이래라 저래라 하기가 쉽지 않다. 아무리 부모가 좋은 조언을 해줘도 어린 나이에 그것이 느껴지지 않는 것은 부모가 말하는 것들이 대부분 직접 경험해 보지 못한 것들이기 때문이다. 가정에서는 아이들에게 아무리 일찍 일어나라고 해도 안 일어나면 그만이고 큰 일이 나지 않는다. 새벽에 학원을 못 가도 그만이다. 하지만 동료 및 부하 생도들에게 모범을 보이고 자신의 임무에 책임을 져야 하는 생도 지휘관으로서는 늦잠은 허용될 수 없는 일일 수밖에 없다.

나는 워싱턴 DC에 있는 조지타운대 외교대학원을 졸업하고 한 연구소에서 면접을 볼 기회가 있었는데, 면접 시간이 오전 7시30분으로 잡혀서 놀랐던 적이 있었다. 알고 보니 나를 면접할 사람은 미 육군 대령 출신으로 나이가 내 아버지뻘되는 연구소 부소장이었다. 면접 당일 연구소로 찾아가니 그는 이미 1시간 전에 출근하여 신문을 다 읽고 자신이 특별히 제조한 커피를 권하며 당일 조간 신문에 난 기사들에 대해서 어떻게 생각하냐고 나에게 말을 걸었다. 다행히 나는 여느때처럼 아침 일찍 일어나 주요 신문기사를 다 읽었기 때문에 면접관과 얘기를 이어갈 수 있었다. 그렇게 운 좋게 취직이 되어 동북아시아 및 한반도 안보팀에서 연구업무를 하게 되었는데, 연구소의 많은 고위급 인사들이 부소장처럼 아침 7시 반이면 출근을 하였고 나는 신참이었지만 일찍 일어나는 습관 덕분으로 그들과 함께 커피를 마시며 세상 돌아가는 얘기를 나눌 수 있었다. 그렇게 나는 생애 첫 직장에 빠르게 적응할 수 있었고 능력도 인정받을 수 있었다. 나는 요즘도 사관학교 그 시절처럼 새벽 5시면 일어나 인터넷을 통해 뉴스를 보고, 2~3 km씩 조깅을 하고 출근을 한다. 지금의 나를 만들어준, 또 앞으로 많은 것을 이루게 해줄 사관학교의 그 모든 것에 감사할 뿐이다.

　마지막으로 한 가지 밝혀야 할 것이 있다. 나의 모교 캠퍼 밀리터리 스쿨은 잦은 학교장의 교체, 무리한 학교 확장으로 학교 재정이 악화되어 갔고, 결국은 2002년 문을 닫고야 말았다. 나로서도 무척 안타까운 일이지만 이 때문에 이 책을 읽는 독자들이 미국 사립사관학교에 대해 의구심을 가질까 더 염려된다. 그럼에도 굳이 나의 사례를 싣는 것은 캠퍼에서의 나의 경험이 현존하는 다른 미국 사립사관학교에서도 여전히 유효하기 때문이다. 또한 캠퍼의 폐교 사례는 200년이란 세월을 거쳐 체계적으로 성립된 교육기관인 사립사관학교의 위기를 말하는 것이 아니라, 아직까지도 더 좋은 교육환경을 만들기 위한 건전한 경쟁이 살아있는 젊고 발전지향적인 교육제도임을 보여주는 것이기도 하기 때문이다. 캠퍼의 사례를 거울 삼아 미국 사립사관학교들은 계속 발전해나가고 있다.

김진한

미주리 밀리터리 아카데미 졸업(현재 미국 일리노이 주립대학교 재학 중)

　나는 현재 미국 일리노이 주립대학교 3학년에 재학중인 대학생이다. 중학교 3학년부터 미국 생활을 시작하여 어느덧 미국에서 지낸 지도 여러 해가 되었다. 지금까지 먼 미국땅에서 가족 및 친구들과 떨어져서 잘 지낼 수 있었던 건 미주리 밀리터리 아카데미(MMA)라는 사관학교에서의 경험이 큰 도움이 되었던 것 같다.

　나는 한국에서 중학교 3학년을 다니던 중 유학을 결정하여 2001년 겨울에 9학년으로 MMA에 입학했다. 처음 유학을 생각하게 된 배경은 미국에서 대학 생활을 한 큰누나의 영향이 컸었다. 방학 중에 누나를 만나러 미국에 가서 잠시 생활해보기도 하고 누나로부터 미국 대학생활에 대한 얘기를 들으면서 나도 좀더 넓은 세상에서 여러 나라에서 오는 친구들과 많은 것들을 보고 배우고 싶은 마음이 조금씩 커져갔다.

　나는 이러한 생각을 아버지께 말씀 드렸고, 아버지께서도 진지하게 생각하신 후 유학을 허락하셨다. 막상 유학을 가려고 하니 어느 지역으로 갈지, 어느 학교로 갈지 고민하지 않을 수 없었다. 우선 아버지는 대도시의 학교로 가게 되면 한국 학생들도 많아 영어를 배우기에 어려움이 있을 수 있고, 주위에 유혹들이 너무 많아 아무래도 공부에 방해가 될 요인이 많다고 생각하시는 것 같았다. 그래서 작은 도시에 있는 학교를 찾던 중 마침 지인으로부터 미국의 사관학교에 대한 얘기를 들으시고 내게 사관학교 입학을 적극 권유하셨다.

나는 누나가 셋인 집안의 막내아들로 태어나 어렸을 때부터 어려움 없이 귀여움을 받고 자랐다. 그래서 그랬는지 아버지는 내가 혼자 미국생활을 해나가는 데 사관학교의 엄격한 규율이 도움을 줄 수 있음은 물론 자립심을 키우는 데도 사관학교의 교육환경이 적격이라고 생각하셨던 것 같다. 사실 나는 바라던 대로 미국 유학생활을 할 수 있다는 즐거움에 사관학교에서의 생활이 어떤 것인지도 제대로 이해하지 못한 상태로 미국에 도착하여 MMA에서의 생활을 시작했다.

입학허가를 받은 후 학교에서 온 편지에서 나의 생도 번호가 177이란 걸 알려주며 입학 시 가져올 준비물들, 특히 옷, 양말들에 177을 바느질해서 가지고 오라는 내용이 기억난다. 학교에서는 제복, 운동복 셔츠 등을 모아두었다가 정해진 날짜에 세탁실에 맡기게 되는데, 그때 다른 학생들 것과 구분할 수 있게 하기 위해 표시해 두라는 것이었다. 매번 방학 때 한국에 나오면 미국에 돌아갈 때 가지고 가라고 어머니께서 새로운 옷가지들에 내 생도 번호를 달아주시던 게 기억이 나고, 지금도 기념으로 그때 내 생도 번호가 적혀있는 옷들을 소중하게 간직하고 있다.

처음 MMA에 도착했을 때 받은 느낌은 서울과 같은 대도시의 복잡함이라고는 전혀 찾아볼 수 없는 미국 중부의 전형적인 작은 마을이라는 것이었고, 한국에서 다니던 중학교와는 달리 넓은 교정과 운동장, 기숙사 건물들을 보면서 앞으로의 새로운 생활에 대한 설렘 또한 느꼈었다. 또 하나 매우 인상적이었던 것은 제복을 입은 학생들이 절도 있게 행진을 하여 교정을 지나가던 모습이었다. 학교에 도착하자마자 담당 선생님과 학생 한 명이 기숙사, 교실 등 학교전체를 돌며 학교생활에 대한 전반적인 설명을 해주었고, 그때 설명을 해주었던 학생이 나의 멘토가 되어 처음에 학교생활에 적응하기까지 많은 도움을 주었다.

그렇게 학교를 둘러본 뒤 내가 가야 할 곳은 교내에 위치한 이발소였다. 마치 한국에서 입대하기 전에 머리를 짧게 자르듯 입학할 때 머리를 짧고 단정하게 잘라야 했고, 앞으로도 그 머리카락 길이를 유지해야 한다는 설명을 들었다. 처음에는 짧게 자른 머리가 어색하고 싫었었는데, 학교생활에 익숙해지고 나서는 오히려 머리가 조금만 자라면 귀찮고 단정해 보이지 않아서 짧게 자르는 걸 더 좋아하게 된 것 같다. 이렇듯 학교생활을 하는 동안에는 머리뿐만 아니라, 제복이며, 구두도 항상 깔끔하고 단정하게 입고 다녀야 하기 때문에 항상 신중하고 자신을 절제하는 습관이 몸에 밸 수 있었다.

사관학교에서의 생활이 한국과 가장 달랐던 점을 생각해보면 한국에서의 생활은 그리 규칙적이지 못했었는데, MMA에 입학한 후에는 너무도 규칙적인 생활에 적응해야만 했다는 것이다. MMA의 하루 일과는 오전 6시 30분에 기상해서 인원체크를 위한 일조점호(아침점호)로 시작된다. 점호 후에는 모든 학생들이 운동장으로 집합해서 각 중대마다 30분 정도 아침 구보를 실시하고 바로 아침 식사를 하러 간다. 한국에서 이런 생활을 경험하지 못한 나로서는 그런 규칙적인 생활에 적응이 되지 않았던 것은 물론 체력적으로도 준비가 되어 있지 않은 상태였다.

처음 한동안은 아침 구보 때마다 뒤쳐지고 힘들어서 포기하고 싶을 때도 있었지만, 혹시 동료 생도들에게 한국인에 대한 선입견과 안 좋은 인상을 남기게 될까 봐 힘을 내어 열심히 했던 기억이 난다. 그렇게 아침 식사를 하고 기숙사에 들어오면 대략 7시 30분 정도가 된다. 잠깐의 샤워 시간이 주어지고 아침 8시 15분경부터는 학교 수업을 가기 위한 준비를 하게 되는데 보통 학교 수업은 8시 50분에 1교시가 시작되어, 4개의 수업을 다 마치면 대략 12시 10분이 된다.

오전 수업 이후에 모든 학생들은 기숙사로 돌아와서 가방, 책 등을 놓고 소속 중대 앞으로 점심식사 집합을 한다. 생도 대대장의 재량에 따라 구호를 외치면 먼저 군악대가 악기들을 연주하며 앞장서고, 그 뒤를 대대장과 생도 참모들, 각 중대 순서로 뒤따르며 식당으로 입장한다. 식당에서 모두 자리에 앉으면 그날의 중요한 메시지를 생도대장 또는 생도대대장이 전달하고 매일 순번이 정해진 한 학생이 식사기도를 하는 것으로 식사가 시작된다.

식사할 때 또한 한국에서나 일반 사립학교에서 자유롭게 밥을 먹는 것과는 달리 절도 있게 밥을 먹어야 했고, 식탁에 팔을 얹어 놓거나 크게 떠드는 등의 예절에 어긋나는 행동들은 철저히 금지되었다. 그리고 이런 규율들은 각 테이블마다 높은 계급의 학생들이 배치 되어있어 담당했다. 밥을 타러 갈 때도 항상 절도 있는 모습으로 움직여야 했고 높은 상급자나 선생님들을 보았을 경우에는 깍듯이 인사를 해야 함은 물론이었다. 처음에는 이런 생활이 익숙하지 않았고 영어도 잘 하지 못했기 때문에 어려운 점이 많았으나, 점차 적응이 되고 이러한 습관이 몸에 배면서 의식하지 않고도 행동으로 옮길 수 있게 되었다.

점심식사를 마친 후에는 각 중대마다 우편물을 확인하러 가고, 오후 수업이 시작하는 1시 30분까지는 자유시간이기 때문에 군것질하러 가거나 기숙사 방으로 돌아가 하고 싶은 일들을 할 수 있다. 오후수업은 1시 40분부터 5교시가 시작되어 3시 50분까지 이어진다. 수업 과목들은 일반 고등학교와 같아, 보통 졸업을 하기 위해서 필수적으로 필요한 수업들을 듣고 또 개인이 원하는 기타 수업들도 선택하여 들을 수 있다. 또한 대학교 입학 후 인정을 받을 수 있는 수업인 AP 코스를 들어 미리 학점을 쌓아둘 수도 있다. 영어실력이 부족한 외국 학생들을 위한 ESL 프로그램도 있고, 개인 자문을 담당하는 선생님, 대학입시를 위한 상담교사도 따로 있다. 나는 이들 선생님의 매우 친절한 조언과 도움을 아직도 잊을 수가 없고 대학진학 시에도 많은 도움을 받을 수 있었다.

매일 4시 30분부터는 운동을 하는 시간으로, 매 학기마다 참여할 수 있는 여러 가지 운동 종목이 있고, 모든 학생들이 하나의 종목에 배치되어서 대략 1시간 30분 동안 매일 꾸준히 운동을 해야 했다. 나는 MMA에서의 학교생활 동안 수영 및 크로스컨트리 종목에서 대표팀 멤버로 활동했고 농구, 축구 등도 즐겼다. 한국에서의 학교생활과 제일 달랐던 점이 바로 이런 운동, 밴드활동, 미술활동 등 다양한 특별활동을 풍족하게 즐길 수 있었다는 것이다. 이런 활동들은 친구들과의 협동심을 기르고, 나의 체력과 정신력을 시험해보고 단련할 수 있는 너무나 좋은 기회였다.

특별활동에는 바서티 스포츠varsity sports와 인트라뮤럴 스포츠intramural sports가 있는데, 전자는 학교를 대표해서 하는 운동이고, 후자는 그런 실력이 되지 않는 학생들이 모여서 가볍게 운동을 하는 것으로 보면 된다. 바서티 팀에 들어간 학생들은 학교를 대표하기 때문에 항상 자긍심을 가지고 최선을 다해 연습하여 대회에 나가게 된다. 그리고 2번 연속 바서티 스포츠에 참여를 하면 엠클럽M-club이라는 학교클럽의 멤버가 될 수 있는데 이 클럽은 학교에서 가장 운동을 잘 하는 친구들이 모이기 때문에 많은 학생들의 선망의 대상이었다. 나도 크로스컨트리와 수영 대표선수로 활약을 했고, 이러한 활동은 대학입시에도 큰 도움이 됐다고 생각한다.

사관학교에서 JROTC 교육을 빼놓을 수가 없다. 내가 가장 큰 관심을 갖고 들었던 수업이 바로 JROTC 교육과정의 리더십 에듀케이션 트레이닝Leadership Education Training 수업이었다. 이 수업에서 리더로서 갖춰야 할 덕목과 올바른 사고방식부터 독도법, 전시/응급상황/재난재해에 취해야 할 행동 등 우리나라에서는 군대에서만 배울 수 있는 유익한 정보를 얻을 수 있었고 사격 수업도 포함되어 있었다. 병역의 의무를 다하기 위해 대학을 휴학하고 군에 입대했을 때 사관학교에서 습득했던 이러한 지식과 사격경험은 군에 적응하는 데 너무나 큰 도움이 되었다. 특히나, JROTC 생도가 아니면 경험할 수 없는 일년간의 드릴팀 활동은 나의 리더십과 자신감을 키우는 데 너무나 큰 도움이 되었다. 드릴팀은 학교를 대표하여 교내 행사 및 지역 행사에도 많이 참여하고, 봄학기 말에는 매년 플로리다에서 열리는 전국 사관학교 드릴팀 시합에 참가하기도 한다. 학교의 대표이기에 굉장히 자랑스러운 일이고, 여러 행사에 참여하면서 새로운 경험을 쌓을 수 있어서 큰 보람을 느낄 수 있었다.

오후 수업 이후 6시 30부터 7시 15분까지는 저녁식사 시간으로, 점심 식사 때와 마찬가지로 모두 모여 행진을 하며 식사를 하러 간다. 그리고 7시 30분부터 9시 15까지는 학습 시간으로 대부분의 기숙사가 조용해지는 시간이다. 기숙사 각층의 상급생들이 해당 층의 학생들 관리를 하면서 모든 학생들이 숙제나 방과 후 공부를 잘 하고 있는지 점검도 한다.

학년이 올라감에 따라 나의 계급도 함께 높아져 나 역시 하급생들을 관리하고 지도하는 역할을 맞게 되었는데, 이런 역할을 수행하면서 나의 분석력, 비판능력, 지휘력 등이 발전하는 것을 느낄 수 있었다. 또한 하급생들을 지도하는 것은 정확한 영어를 구사하지 않고서는 하기 힘든 일이었다. 나의 한 마디에, 적게는 9명에서 많게는 수십 명의 인원이 움직이는데 정확한 지휘 및 커뮤니케이션을 위해서는 정확한 영어구사력이 필수였던 것이다. 이러한 사관학교의 생활환경이 영어를 더 열심히 빨리 터득하도록 하는 동기부여가 되었다.

학습시간이 끝나는 9시 15분부터 50분까지는 친구들과 하루 동안 있었던 일들을 얘기하기도 하고, 인터넷을 하는 등 자유시간을 즐기고 9시 50분부터는 인원체크를 위한 일석 점호가 시작되어 정확히 밤 10시에 취침을 했다. 혹시, 숙제나 공부를 더하고 싶은 학생들이 있으면 10시부터 12시까지는 특별히 추가 공부시간을 주기도 했다.

이러한 규칙적인 생활은 보통 월요일부터 금요일까지 반복됐다. 단, 매주 수요일에는 시내로 나갈 수 있는 시간이 있었기 때문에 대부분의 학생들이 이 시간을 이용해서 필요한 물건을 구입했다. 또한, 매주 금요일 저녁에는 외출증이 있는 학생에 한해서 밖에서 저녁식사도 하고 자유 시간을 즐길 수 있었다. 매주 수요일과 금요일 외출 시에는 학교버스를 이용하게 되어 있으며, 만일 가족이나 외부인이 방문을 하여 외출을 하게 되는 경우에는 반드시 외출허락을 받고 정해진 시간 내에 학교로 돌아와 신고를 하게 되어있었다. 취침시간과 외출 규제는 일반 사립학교에도 있는 규정이지만, 어쨌든 이러한 엄격하게 규제된 생활 속에서 외부의 유혹에 빠질 틈 없이 학업 및 자기계발에 집중할 수 있었다.

금요일 저녁 자유시간 중 일부는 토요일에 있을 기숙사 검열에 대비해서 방을 청소하고 정돈하는 데 활용했다. 규정상 매일 방을 정리정돈해야 하지만 검열이 있을 때에는 특별히 더 신경을 써서, 침대, 이불, 책상 및 옷장을 정리해야 했다. 옷장 속 옷걸이들은 간격이 일정하고 가지런히 걸려 있어야 했는데 항상 이것 때문에 신경을 쓰던 기억이 난다. 기숙사 검열은 사관학교 생활의 매우 중요한 일부분이다. 왜냐하면 매달 3개의 중대 중에서 가장 우수한 1개 중대를 선정하여 부상으로 회식을 하게 하고, 연말에는 올해의 우수 중대를 뽑아 해당 생도들에게 푸짐한 부상이 주어지기 때문이다. 또한 우승 중대의 생도 지휘관들에게는 명예가 주어지고, 다른 중대 부대원들의 존경을 받을 수 있었다. 그렇기 때문에 생도 중대장과 소대장들은 심혈을 기울여서 기숙사 검열을 준비했다.

검열 중에는 학교 자체적으로 하는 검열도 있지만, 가장 중요한 검열은 미국 JROTC 본부에서 직접 매년 봄학기 말에 실시하는 정기부대검열 formal inspection이다. 이것은 현역 미국 군인들이 직접 와서 각각의 사관학교들을 검열하는 행사이다. 전체적으로 학교의 훈련 상태며, 사관학교

생활에 대해 많은 질문들을 하게 되고, 이를 종합해서 평가를 내리게 된다. 보통 골드스타는 좋은 학교를 나타내고 블루스타는 좋지 않은 학교로 분류가 되는데 골드스타를 받는다는 것은 학교뿐만 아니라, 각 학교의 JROTC 교관, 훈육관, 교사, 학생들 모두에게 큰 영광이기 때문에 모두 다 힘든 훈련을 마다 않고 열심히 노력했던 기억이 생생하다.

매주 일요일에는 리뷰Review라고 불리는 전교생이 참여하는 학교 전체 사열이 있다. 리뷰는 날씨가 좋은 날에는 학교 연병장에서, 우천 및 악천후 때는 체육관에서 진행된다. 이때는 마을 주민들이나, 멀리서 학생들의 부모님들과 친척들이 구경을 하러 오는 경우가 많기 때문에 학교와 선생님들, 그리고 학생들에게도 모두 중요한 행사였다.

이 리뷰에서는 매주 대외적으로 본받을 만한 일을 한 우수 학생들에게 공식적으로 상을 수여한다. 많은 사람들이 보는 가운데 상을 받는다는 건 의미 있는 일이기 때문에, 이러한 상을 받기 위해서 공부도 더 열심히 하고 학교생활도 더 충실히 하는 큰 동기부여 역할을 하였다. 리뷰가 끝나면 행진하는 동안 어떤 중대가 더 잘하고 실수가 없었는지 교관들이 매긴 점수를 통합해서 우수 중대를 정하는데, 이때 정해진 순서대로 다음주의 식사 순서가 정해졌다. 식사 시간이 빨라지면 쉬는 시간이 좀더 길어지기 때문에 각 중대는 1등을 하려고 치열하게 훈련 경쟁을 벌인다. 이러한 활동을 통하여 친구들과 좀더 가까워지고 그들을 이해할 수 있는 기회가 되었고, 선의의 경쟁을 통해 스스로도 발전할 수 있는 계기가 되었던 것 같다.

사관학교에서의 경험은 정말 특별한 것이었다. 그것은 한국에서는 육해공군 사관학교를 가지 않으면 할 수 없는 경험들이었다. 처음에는 이런 학교생활이 너무나 생소하고 힘들었지만 차츰차츰 적응해 나가면서 일반 학교에서는 배울 수 없는 많은 것들이 있다는 생각을 하게 되었다. 내가 사관학교를 다니며 얻은 것 중에서 가장 소중하게 생각하는 것 중 하나는 나와 함께 동고동락했던 친구들이다. 일반 학교에서도 함께 수업을 듣고 여러 가지 특별활동을 하면서 좋은 친구들을 얻을 수 있겠지만, 사관학교에서 다양한 군사훈련을 같이하고 또 팀워크가 필요한 수많은 활동들을 함께 하면서 생도들끼리 더 친밀감이 생겼고 형제 같은 끈끈한 정을 느낄 수 있었다. 나는 지금도 사관학교에서 함께 생활했던 친구들과 기회가 닿을 때마다 자주 보고 같이 여행도 하면서 매우 친하게 지낸다. 유학 생활을 하면서 가장 소중한 것은 한국 사람이 아닌 미국 친구를 많이 만드는 것이라고 생각한다. 그런 면에서는 나는 어느 정도 성공적인 유학생활을 하고 있다고 감히 자부해 보고 싶다.

　MMA에서의 경험을 토대로 생각해 보면 사관학교를 다니는 가장 큰 장점은 어린 나이부터 건강한 생활습관은 물론 리더십, 자신감, 인내심을 키워줄 수 있다는 것이다. 나 또한 사관학교를 다니면서 재롱둥이 막내 아들에서 책임감 있는 성인으로 변화하는 스스로의 모습을 느낄 수 있었다. 처음 학교생활을 시작했을 때는 어렵고 힘든 점도 많았지만, 이런 미국 사관학교 생활을 마친 후 나는 모든 일에 자신감을 가질 수 있었다. 한국에서 병역의무를 잘 마치고 다시 일리노이 주립대학교 3학년에 복학할 수 있었던 것도 내가 사관학교에서 길렀던 자신감과 인내심 때문이 아니었나 싶다. 나는 앞으로도 내가 겪은 사관학교에서의 특별

168
169

한 경험이 인생을 항상 적극적으로 사는 데 큰 원동력이 될 것이라고 굳
게 믿는다.

쟈넷 르노와르

캠퍼 밀리터리 스쿨 졸업(1991~1993) · 미국 WAMC Northeast Public Radio 기자

13살 때 남미의 작은 나라 수리남에서 미국 텍사스주 휴스턴^{Houston}으로 이사를 오면서 나에겐 많은 변화가 있었다. 어린 나에게는 너무나 어려운 전환기였고 학교에 가기도 싫었다. 공부를 못해서가 아니라 대도시의 교육 환경은 나에게 전혀 맞지 않았다.

나의 부모님은 내가 성공적인 미래를 만들어 나가기 위해서는 사관학교가 적합할 것 같다는 생각을 하셨고, 그래서 나는 캠퍼에 입학하게 되었다. 캠퍼는 내가 전혀 예상하지 못했던 새로운 방식으로 살아야 하는 곳이었다. 처음에는 어리둥절하기만 했는데, 나는 곧 그곳에 있는 사람들의 진지함을 느낄 수 있었다. 행진, 장교에 대한 경례, 체력단련, 지역사회 봉사활동, 자기계발 프로그램 등은 순식간에 내 생활의 일부가 되어 버렸고 얼마 지나지 않아 나는 캠퍼에서의 새로운 삶에 완전히 매료되었다.

나의 생도생활 중 가장 소중하게 생각하는 것 중 하나는 정말 다양한 친구들을 만날 수 있었다는 것이다. 제각기 고향이 다르고 이 책을 쓴 내

친구 정륜과 같이 외국에서 온 생도들도 꽤 있었다. 외국에서 오랜 생활을 했던 나에게 이러한 다양성은 내가 학교에 빨리 적응하는 데 큰 도움을 주었다. 우리는 모두 고향이 멀었지만 우리들 스스로를 의지하며 멋지게 생도의 삶을 살 수 있었다.

캠퍼에서 훌륭한 선생님들을 만날 수 있었던 것도 나에게는 큰 행운이었다. 그들은 가족과 친구로부터 멀리 떠나온 내가 학교생활에 빨리 적응할 수 있도록 친절하게 도와주었다. 또한 한국, 중국, 일본, 남미, 아프리카, 중동 등지에서 온 학생들도 많았기에, 선생님들의 이러한 친절함은 모든 외국 학생들이 학교생활에 빨리 적응하는 데 큰 원동력이 되었다. 또한 사관학교의 생도로서 또 하나 감사했던 것은 학교 주위의 자연환경이었다. 학교 안에는 호수가 있었고, 넓고 넓은 푸르른 잔디 연병장, 울창한 나무숲과 개울 등 학교라고는 믿어지지 않을 만큼 훌륭한 자연환경을 갖추고 있었다. 이렇게 훌륭한 자연환경 속에서 공부할 수 있다는 것 자체만으로도 나는 감사하지 않을 수 없었다.

나는 동료 생도들과 함께 시대의 어떠한 시련도 함께 견뎌낼 수 있는 튼튼한 우정을 쌓았다고 굳게 믿고 있다. 동창생이란 바로 그런 것이다. 하나님, 조국, 가족, 그리고 모교 앞에 자신의 명예를 지켜야 한다는 캠퍼의 교육철학은 나와 내 동료 생도들이 인생을 사는 방법이 되었을 뿐 아니라, 서로를 위하고 도와야 한다는 우리 졸업생들의 기본적인 삶의 정신을 상징하기도 한다. 무엇보다도 나의 부모님이 나에게 캠퍼의 생도가 되어 리더십, 절제력, 우정, 봉사의 중요성을 몸으로 느낄 수 있는 교육의 기회를 주신 것에 대해 너무나 감사할 뿐이다. 이러한 경험은 내가 위싱턴 D.C.에서 크리스 벨Chris Bell 하원의원의 부대변인, 쉴라 잭슨Shiela Jack-son 하원의원의 보좌관으로 일하는 데 너무나 큰 용기와 도움을 주었다.

여자로서 사관학교에서의 생활이 힘들지 않았다고 말하지는 않겠다. 그러나 삶 자체를 긍정적으로, 또 자신 있게 살아갈 것을 가르치는 미국 사립사관학교를 내가 아는 모든 이들에게 주저 없이 추천할 것이다. 내가 라디오 기자라는 지금 하는 일에 자신을 갖고 긍정적으로 살아가는 괜찮은 사람이 될 수 있었던 것은 캠퍼라는 소중한 기억과 경험이 있기 때문이라고 생각한다.

앨리슨 레스카보

에드머럴 파라것 아카데미 대외관계 총책임자

성공적인 대학진학 그 이상을 위한 교육

사립사관학교는 미국 역사의 매우 중요한 한 부분이며 나는 내가 이러한 미국의 훌륭한 전통을 지켜나가는 한 사람이라는 사실에 큰 자부심을 갖고 있다. 이 책의 저자인 정륜 씨가 나에게 경험담을 써줄 것을 요청했을 때 한국 학생들과 그들의 부모님들에게 사립사관학교의 장점을 알려줄 수 있는 아주 좋은 기회라고 생각했다. 매일 300명 이상의 중고등 과정 생도들과 함께 생활하는 사람으로서, 사립사관학교가 청소년들의 성공적인 대학 진학과 미래 리더로서의 성장을 위해 매우 적합한 곳이라고 자신 있게 말할 수 있다.

오늘날의 사립사관학교는 젊은이들에게 전투를 어떻게 하는지 가르쳐 주는 곳이 아니다. 에드머럴 파라것 아카데미에서도 그렇듯이, 사립사관학교의 주요 교육목표는 다재다능하고 자신감 넘치며 아무리 어려운 상황에 처해도 스스로 생각하고 판단할 수 있는 학생을 육성하는 것이다. 이를 통해 좋은 대학에 진학하게 함은 물론 앞으로 있을 인생에서

경험하게 될 가장 힘든 역경도 이겨낼 수 있는 사람을 만드는 것이 우리 교육의 초점이다. 우리 학교는 두 명의 달 탐사 우주인을 배출해 냈음은 물론 군, 기업, 문화예술 등 다양한 분야에서 활약하는 수많은 국가적 리더들을 배출해냈다.

우리는 이런 모범적인 졸업생들을 많이 배출해냈다는 사실에 대해 큰 자부심을 갖고 있다. 많은 말을 할 필요 없이 우리들의 졸업생들이 사관학교 교육제도의 우수성을 증명해주고 있기 때문이다. 미국에서 최초로 '우수 해군학교Naval Honor School' 칭호를 받은 학교로서, 우리 학교의 리더십 교육은 미 해군의 전통과 군대식 교육 모델을 기초로 하고 있다. 그러나 우리 학교는 설립 취지부터 단순한 훈육 기관이 아닌, 학생들에게 자기훈련, 정직, 리더십에 대한 학습기회를 제공하고 튼튼한 체력을 개발할 수 있는 대학 준비학교를 만드는 것이 목표였다.

우리 학교의 교장인 로버트 J.파인Robert J. Fine 대령은 이와 같은 목표를 "에드머럴 파라것 아카데미에서 사용하고 있는 군사 교육모델은 학생들로 하여금 다양한 리더십 자리에 오르게 하여 동료들에 대한 책임감을 느낄 수 있도록 함은 물론 팀워크 및 솔선수범 정신을 가르친다."는 말로 요약하곤 한다.

실제적인 리더십 경험에 더해 사관학교에서는 다양한 스포츠, 선택과

목, 사회봉사 프로젝트 등에 직접 참여할 수 있는 기회가 주어진다. 또한 우리 생도대는 평균 20개 문화권의 학생들이 함께 생활하면서 자신과 다른 사람들을 이해하는 방법도 터득할 수 있는 다문화 교육환경을 갖추고 있다.

한편, 학교 생활 중 많은 추억이 있겠지만, 우리학교 생도들을 대상으로 설문 조사를 해보면 훌륭한 선생님들과 함께 할 수 있었고 그들의 가르침을 받았던 것이 학교 생활 중 가장 기억에 남는다는 이야기들을 많이 한다. 그것은 아마도 우리가 훌륭한 리더를 양성하기 위해 그만큼 능력 있고 참교육을 실천하는 교사 채용에 많은 노력을 기울이기 때문일 것이다. 리더를 양성하기 위해서는 그것을 가르치는 교사부터 올바른 모습을 보이고 책임감 있게 행동해야 한다는 것이 우리의 확고한 교육철학이다. 교사들의 이러한 솔선수범 하는 모습이 사관학교가 어린 청소년 생도들에게 특별한 곳으로 느껴지는 이유 중 하나라고 생각한다.

에드머럴 파라짓 아카데미의 커뮤니케이션을 책임지고 있는 사람으로서 미국 대학의 입학처 담당자들은 사관학교 졸업생들을 매우 높이 평가한다고 확실하게 말할 수 있다. 우리 아카데미 졸업생들은 대학입학 면접에서 높은 점수를 받는 것은 물론이고, 지금까지 코넬대, 듀크대, 조지타운대, 하버드대, 존스홉킨스대, 웨스트포인트 등 미국의 많은 명문대에 진학하고 있다. 다른 미국 사관고등학교들도 이와 비슷한 성과를 내고 있으며 사관고등학교를 졸업하고 직업군인이 되는 학생들은 전체의 10% 이하로, 90% 이상의 졸업생들이 일반 4년제 대학에 진학하고 있다.

마지막으로 한국에서 이 책을 읽으시는 분들께 몇 말씀 드리면, 많은 한국 학생들이 우리 아카데미를 졸업했고 그들 모두 타에 모범이 되는 훌륭한 생도였다는 것을 자랑스럽게 말씀 드리고 싶다. 다른 외국인 생도들과 함께 한국인 생도들은 우리 아카데미 발전을 위해 너무나 많은 기여를 해왔다. 우리 아카데미의 한국인 동문들이 무척 자랑스러우며 앞으로도 더 많은 한국 학생들이 우리 아카데미를 찾아줬으면 한다.

College Prep Military Academy

7

각 학교별 정보

현재 미국군사학교협회(Association of Military Colleges and Schools in the United States, AMC-
SUS)에 등록된 사관학교는 총 29개이고 그 중 25개가 미국 본토에 있는 보
딩스쿨이다. 이중에서 24개 학교가 사립이고, 한 곳만이 주립 사관학교
이다. 각 학교별 정보는 학교 홈페이지, 교육정보 사이트인 Boarding-
SchoolReview.com, Petersons.com 등에서 얻을 수 있는데, 이 책에 좀
더 자세한 정보들을 싣기 위해 25개 학교 모두에게 이 책의 취지에 대
한 설명을 담은 편지를 보냈고 실제로 미국에서 가장 명성 있는 사립
사관학교 12곳이 자세한 학교 정보와 사진을 제공해주었다. 자료 제공
에 적극적으로 협조를 해준 12개 학교에 대해서는 각 학교와 관련된 역
사, 학교현황, 자랑거리, 주요 동문들에 대한 비교적 자세한 설명과 함
께 사진 자료들을 모아 놓았다. 그 이외의 한국 학생들과 학부모들이 관
심을 가질만한 사립사관학교에 대한 정보는 학교 홈페이지, Petersons.

com, BoardingSchoolReview.com, 기타 인터넷 자료들을 토대로 간략하게 작성해 보았다. 이 책에 포함되지 않은 학교는 챔버래인 헌트 밀리터리 아카데미Chamberalin-Hunt Military Academy, 마린 밀리터리 아카데미Marine Military Academy, 라이만 워드 밀리터리 아카데미Lyman-Ward Military Academy 등이다. 기숙사가 제공되지 않는 데이스쿨Day-School 형태의 사관학교도 제외되었다.

각 학교에 대한 자세한 정보는 수시로 바뀔 수 있으며 이 책을 쓰는 동안에도 다양한 변화가 있었을 수 있다. 학교 입학처, 유학원, 해당 학교를 졸업한 지인의 경험담, 기타 다양한 정보를 객관적으로 분석해 본 후 지원을 결정할 것을 당부 드리고 싶다.

Admiral Farragut Academy

플로리다 주 세이트피터스버그^{St. Petersburg}에 위치한 에드머럴 파라겟 아카데미는 해군 JROTC를 제공하는 사관학교 중에서 가장 으뜸가는 학교로 알려져 있으며, 미 의회가 '우수 해군학교^{Naval Honor School}'로 공식 지정한 학교이기도 하다. 졸업생들의 SAT 점수가 비교적 높고 명문 대학에 입학하는 생도들이 많은 것으로도 유명하다.

1933년 뉴저지 주 파인비치^{Pine Beach}에 처음 터를 잡은 이 학교는 1928년부터 3년간 미 해군사관학교장을 지낸 사무엘 로빈슨^{Samuel Robison} 제독에 의해 설립되었고, 미국 남북전쟁 당시 미해군의 유명한 제독이었던 데이비드 글래스고 파라겟^{David Glasgow Farragut}을 기리기 위하여 에드머럴 파라겟 아카데미로 명명되었다. 현재의 플로리다 본교는 1945년 건립되었고, 뉴저지 주 파인비치 캠퍼스는 1995년 그 문을 닫았다.

남녀공학 사관학교이며, 첨단 과학기술에 대한 지식 습득에 중점을 둔 해군 JROTC^(NJROTC)를 제공하는 학교답게 일반 교과과정 외에도 STEM^(science, technology, engineering and math)에 많은 비중을 둔 수업과 교육 프로그램들을 제공하고 있다. 특히, 해양과학, 스쿠버 다이빙, 요트 세일링,

보카시에가 만

비행기 조종사 자격증 취득을 위한 교내 비행학교 등 특색 있는 프로그램들이 많다.

미국에서도 가장 아름다운 휴양지가 많은 곳으로 잘 알려진 플로리다 주에 위치하여 훌륭한 자연환경 또한 자랑한다. 플로리다 서부 보카시 에가 만Boca Ciega Bay 옆에 위치하고 있으며 바다와 인접한 4만2천 평의 캠퍼스에 아름다운 스페인 양식의 건물들을 보유하고 있다.

현재 총 학생수는 약 370명 정도이며, 이 중 40% 정도가 기숙사 생활을 하고 나머지는 등하교를 하는 데이스튜던트day student들이다. 남미 계열 인구가 많은 플로리다의 특성상 중남미 학생들이 상당수 있으며, 한국, 중국, 일본 학생들을 포함해 약 50여명의 외국인 학생이 있다. 우수 해군 학교답게 졸업생들 중 미국 해군사관학교로 진학하는 학생들이 가장 많은 사관학교 중 하나다. 2004년부터 2009년까지 총 10명의 졸업생이 미군 해군사관학교에 진학했다.

미국 유인 달 탐사에 참여했던 12명의 우주인 중 2명이 에드머럴 파라겟 아카데미 출신이다. 알란 셰퍼드 제독은 1942년 졸업생으로 1961년 프리덤7Freedom7 우주선을 타고 미국의 첫 유인 우주탐사에 성공한 영웅이다. 또한 그는 1971년 아폴로 14호 달탐사 임무에 참여하여 5번째로 달에 간 우주인으로 기록되어 있다. 그에 이어 1958년 졸업생인 찰스 듀크Charles Duke 장군도 아폴로 16호 임무에 참여해 10번째로 달에 다녀온 우주인으로 기록되어 있다.

설립연도	1933년	1년 학비	$37,520 (외국인 생도 기준)
위치	St. Petersburg, Florida	교사:학생 비율	1:10
학교 총면적	약 4만2천평	종교기반	없음
교장	CAPT Robert Fine, Jr.	ESL/ESOL 프로그램	제공
교육체계	사관학교식 대학입시 준비과정(남녀공학)	외국인 비율	14%
학년	K-12학년 (boarding school은 6~12학년) *초등학생은 일반 사립학교로 운영됨	장학생 비율	20%
총학생수	370명	평균 장학금	$8,000
군사교육 프로그램	Navy JROTC (해군)	입학지원 마감일	연중 지원 가능
JROTC 수석교관 계급	대령 (예비역)		
AP 코스	English Literature, English Language, Calculus AB & BC, Computer Science, US History, Government, Spanish, Spanish Literature, French, Biology, Chemistry -인근 St. Petersburg College를 통해 추가로 10개의 대학코스 수강 가능		
최근 졸업생 진학대학	Amherst College, Boston University, Cornell University, Duke University, Florida State University, Georgetown University, Georgia Tech, Harvard University, Johns Hopkins University, Lafayette College, The Citadel, Ohio State University, US Air Force Academy, US Merchant Marine Academy, US Naval Academy, University of Chicago, University of Florida, Vanderbilt University, Yale University (2004~2009)		
스포츠	골프, 야구, 다이빙, 미식축구, 사격, 축구, 수영, 육상, 레슬링 등		
특별활동	Key Club, Leo Club, Multi-Cultural Club, National Honors Society, National Junior Honors Society, Spanish National Honors Society, Student Government, Band, Color Guard, Drill Team, Riflery, Sailing, Choir, Drama Productions, Paintball, Prom Committee, SCUBA, Book Club, Gamers Guild, Fellowship of Christian Students		
주요동문	Alan Shephard (미국 최초 우주인), Charles Duke(우주인), Lorenzo Lamas(배우) 등		

Army & Navy Academy

아미 & 네이비 아카데미는 올해 개교 100주년을 맞는 사립사관학교로 미국 서부에서 가장 오래된 사관학교 중 하나이다. 1910년 토마스 A. 데이비스[Thomas A. Davis]에 의해 샌디에이고 아미 앤드 네이비 아카데미[San Diego Army and Navy Academy]라는 이름으로 처음 설립되었으며, 1936년 현재 학교가 위치한 캘리포니아 주 칼스베드[Carlsbad]로 캠퍼스를 이전하였다. 현재 학생수는 320명이며, 7~12학년 중고등학교 커리큘럼을 제공한다. 군사교육은 학교 이름과는 달리 육군 JROTC 프로그램만을 제공한다. 교장은 미 육군 예비역 장군(준장)이 맡고 있다.

지리적으로는 캘리포니아 주의 대표 도시 중 하나인 샌디에이고에서 북쪽으로 56Km, 로스엔젤레스에서 남쪽으로 129Km 떨어져 있고 연중 따뜻한 날씨가 이어지는 샌디에이고 인근 해변에 위치하고 있어 주변 자연환경이 훌륭하다. 캠퍼스 총면적은 약 1만9천 평으로 준수한 편이다. 외국인 학생 비율은 약 13%이며 외국인 학생들을 위한 영어교육 과정인 ESL/ESOL 프로그램을 제공한다. 학비는 1년에 31,950달러로 사립사관학교 중에는 상위권에 속한다.

설립연도	1910년	1년 학비	$31,950 (Boarding 기준)
위치	Carlsbad, California	교사:학생 비율	1:10
학교 총면적	약 1만9천평	종교기반	없음
교장	BG Steve M. Bliss (예비역 육군 준장)	ESL/ESOL 프로그램	제공
교육체계	사관학교식 대학입시 준비 (남자학교)	외국인 비율	13%
학년	7~12학년	장학생 비율	15%
총학생수	320명	평균 장학금	$8,000
군사교육 프로그램	Army JROTC (육군)	입학지원 마감일	1월1일
AP 코스	총 13개		
최근 졸업생 진학대학	Johns Hopkins University, Pepperdine University, Purdue University, UCLA, UC-Davis, UC-San Diego 등		
스포츠	Football, Cross Country, Water Polo, Basketball, Wrestling, Soccer, Baseball, Golf, Swimming/Diving, Track & Field(육상), Tennis, Hockey, Cycling, Surf		
특별활동	Academic Decathalon, Army & Navy Magazine, Basketball Club, California Scholarship Federation, Chess Club, Community Service, Diversity Club, Floetry, Forensics, Harvard Model Congress, Multi-Cultural Club, Navy Marine Club, Peer Mediation, SCUBA Club, Warrior Newspaper 등		

Camden Military Academy

캠든 밀리터리 아카데미는 사우스캐롤라이나 주 캠든Camden에 위치하고 있으며, 1950년에 설립된 캠든 아카데미Camden Academy와 1892년에 설립된 칼라일 밀리터리 아카데미Carlisle Military Academy가 통합하여 만들어진 사관학교이다. 사우스캐롤라이나 주의회는 지난 2001~2002년 회기에 캠든 밀리터리 아카데미를 주의 공식 사관학교로 명명하였다. '공식 사관학교' 명칭은 학교의 역사와 전통을 인정한다는 명예 명칭일 뿐 주정부로부터 지원은 받지 않는다.

캠든의 군사리더십 교육체계는 육군 JROTC를 채택하고 있으며, 그밖에 다양한 리더십 프로그램을 제공하고 있다. 7~12학년까지의 중고등학교 커리큘럼을 제공하며 남자만 입학이 가능하다. 학교 총 면적은 4만8천평으로 준수한 편이고, 외국인 학생 비율은 5%로 비교적 낮은 편이다. 학비는 1년에 27,720달러이다.

Camden Military Academy

설립연도	1892년	1년 학비	$27,720 (외국인 기준)
위치	Camden, South Carolina	교사:학생 비율	1:8
학교 총면적	약 4만8천평	종교기반	없음
교장	COL Eric Boland (예비역 육군 대령)	ESL/ESOL 프로그램	없음
교육체계	사관학교식 대학입시 준비과정(남자학교)	외국인 비율	5%
학년	7~12학년	장학생 비율	30%
총학생수	302명	평균 장학금	$3,000
군사교육 프로그램	Army JROTC (육군)	입학지원 마감일	연중
AP 코스	4개		
최근 졸업생 진학대학	University of South Carolina 등		
스포츠	골프, 야구, 다이빙, 미식축구, 사격, 축구, 수영, 육상, 레슬링 등		
특별활동	자료없음		
주요동문	자료없음		

Carson Long Military Institute

1836년 로버트 핀리^{Robert Finley}에 의해 설립된 카슨 롱 밀리터리 인스티튜트는 미국 내 현존하는 가장 오래된 사립사관학교다. 처음에는 6명의 학생이 다니던 라틴어 학교로 출발했지만, 1842년 남녀공학 기숙형 학교로 바뀌었다. 1800년대 후반에는 노멀스쿨^{Normal School}(사범학교)을 추가하여 교사를 양성하기 위한 교육 커리큘럼을 제공하기 시작했고 1914년 테오도어 K. 롱^{Theodore K. Long}이 학교를 소유하게 되면서 카슨 롱이라는 학교명을 공식적으로 갖게 되었다. 테오도어 K. 롱이 어린 나이에 세상을 떠난 자신의 아들 카슨 롱을 기리기 위해 학교 이름을 명명하였다고 한다. 카슨 롱의 군사리더십 교육은 1919년에 공식적으로 시작된 것으로 알려져 있으며, 육군 JROTC는 1954년에 채택하였다.

현재 펜실베니아 주 뉴블룸필드^{New Bloomfield}에 위치해 있으며, 학교 총 면적은 6만1천평이다. 6학년부터 12학년까지의 정규 과정을 제공하며, 교사대 학생 비율은 1:8이다. 외국인 비율은 약 20% 정도로 외국인 학생들을 위한 ESL/ESOL도 제공하고 있다. 생도대는 총 3개 중대로 구성되어 있다. 학비는 1년에 24,775달러이다. 카슨 롱은 개인의 체육 소질과

관계없이 모든 생도가 스포츠에 적극적으로 참여해야 한다는 철학을 갖고 있으며, 교내에 5개의 테니스코트, 체육관, 미식축구 및 축구 경기장, 야구장 등을 갖추고 있다.

카슨 롱의 리더십 프로그램은 육군 JROTC를 기반으로 하고 있으며, 목표설정, 결단력, 기초 재무기획 및 관리, 공공연설, 시간관리, 문제해결능력, 개인건강, 권리, 의무, 시민으로서의 역할 등에 대한 다양한 리더십 관련 교육 프로그램을 제공한다.

설립연도	1836년	1년 학비	$24,775 (Boarding 기준)
위치	New Bloomfield, Pennsylvania	교사:학생 비율	1:8
학교 총면적	6만1천평	종교기반	없음
교장	COL Matthew J. Brown (예비역 육군 대령)	ESL/ESOL 프로그램	제공
교육체계	사관학교식 대학입시 준비과정(남자학교)	외국인 비율	20%
학년	6~12학년	장학생 비율	30%
총학생수	127명	평균 장학금	자료없음
군사교육 프로그램	Army JROTC (육군)	입학지원 마감일	연중
AP 코스	Calculus AB , Human Geography, Statistics		
최근 졸업생 진학대학	City University of New York, Norwich University, Penn State University Park, Ohio State University, Virginia Commonwealth University 등		
스포츠	Baseball, Cross Country, Football, Rifle, Soccer, Track & Field, Tennis		
특별활동	drum and bugle corps, Scholastic Honor Society, dance committee, school newspaper, drama club, yearbook, glee club, weight lifting club, ski club, Christian Athletes Society, debating, declamation, hiking, military police, raiders (military skills), color guard, drill team		
주요동문	자료없음		

Culver Academies(Culver Military Academy, Culver Girl's Academy)

컬버 아카데미즈는 세인트루이스St. Louis의 성공한 사업가였던 헨리 해리슨 컬버Henry Harrison Culver에 의해 1894년에 설립된 사립학교로, 남자 사관학교인 컬버 밀리터리 아카데미(CMA), 여자 사립학교인 컬버 걸스 아카데미(CGA), 여름학교 및 캠프 프로그램을 제공하는 컬버 썸머 스쿨&캠프스 Culver Summer School & Camps로 나누어져 있다. 시카고에서 약 2시간 거리인 인디애나 주 컬버Culver에 위치하고 있으며, 학교 총면적 220만평, 총학생수 792명, 기부금 유치규모 2억8100만 달러로 미국 최고 수준의 명성과 규모를 자랑하는 사립 보딩스쿨 중 하나이다. 사립사관학교 중에서는 가장 들어가기 힘든 학교로도 알려져 있다.

학교 설립자인 헨리 해리슨 컬버는 "젊은 학생들이 미국 최고의 대학, 최고의 기업에 갈 수 있도록 준비시킨다"는 학교 교육목표 하에 컬버 밀리터리 아카데미를 설립하였다. 그는 학교를 설립한지 3년 만에 지병으로 세상을 떠났지만, 컬버는 미국 최고 명문 사립사관학교로 지속적인 발전을 해왔다. 1902년에는 처음으로 어린 학생들을 위한 해군 여름캠프를 설립하였고, 1975년에는 여학생들을 위한 컬버 걸스 아카데미를 설립하여 오늘의 컬버 아카데미즈를 이루었다.

컬버 밀리터리 아카데미의 자랑거리는 너무나 많다. 우선 미국 사립 사관학교 중 성공한 기업인을 가장 많이 배출해낸 학교의 명성만큼 글로벌 비즈니스 교육을 위한 다양한 프로그램을 갖추고 있다. 사관학교식의 리더십 교육과 글로벌 비즈니스 및 국제관계학 관련 교육을 접목한 컬버의 교육커리큘럼은 그 수준과 명성이 매우 높다.

또한 지난 2000년 설립된 글로벌 스터디즈 인스티튜트^{Global Studies Institute}는 학생들이 고등학교부터 국제관계 및 글로벌 경제와 관련된 이해를 높일 수 있도록 다양한 프로그램을 제공하고 있다. 국제관계, 글로벌 경제, 국제전략, 국제연합^{United Nations} 등의 수업을 포함해 총 6개의 수업을 선택할 수 있도록 하고 있으며, 미국의 석학 및 정치인들을 초청하는 다양한 분야의 강연 프로그램을 제공하고 있다.

또한 각종 세미나, 학생 교환 프로그램 등을 지원하며, 최첨단 화상회의 시스템을 갖추고 있어 멀리 외국에 있는 또래 학생들과 각계 각층의 인사들과 대화하면서 외국문화를 경험할 수 있도록 배려하고 있다.

컬버 밀리터리 아카데미의 명성은 오랜 역사와 전통을 자랑하는 학교 기마대^{Black Horse Troop}에서도 찾을 수 있다. 컬버의 상징이라고도 할 수 있는 기마대는 1913년에 개최된 우드로 윌슨^{Woodrow Wilson} 대통령의 취임식 퍼레이드에 참여한 이후 총 15번의 미국 대통령 퍼레이드에 참여했고, 지난 2009년 버락 오바마^{Barrack Obama} 대통령 취임식에도 대규모 컬버 기마대가 참여한 바 있다.

이외에도 엘리자베스 2세 영국여왕, 덴마크 왕 등 여러 국빈방문 행사

에 에스코트로 참여하였다. 컬버는 최고의 명성을 자랑하는 이런 기마대 훈련을 위해 미국 최대규모 수준의 실내 훈련장을 갖추고 있다.

재정이 풍부한 학교인 만큼 스포츠, 특별활동, 예술교육 프로그램을 풍성하게 제공하고 있다. 야구, 농구, 미식축구는 물론 골프, 승마, 폴로, 다이빙 등 다양한 스포츠 프로그램을 제공하고 있고, 예술문화 분야에서도 피아노, 현악기 지도는 물론 성악, 현대무용, 발레, 연극영화 등의 개인지도 프로그램을 제공하고 있다. 최근에는 뉴욕양키즈 구단주인 조지 스타인브레너의 기부금으로 건립된 스타인브레너 공연예술센터Steinbrenner Performing Arts Center가 문을 열어 현대무용, 발레, 연극영화 프로그램의 수준이 한층 더 높아졌다.

컬버 캠퍼스는 주변 자연환경의 아름다움으로도 유명하다. 인디애나 주에서 두 번째로 큰 호수인 맥신커키 호수Lake Maxinkuckee의 북쪽 변에 위치하여 자연경관이 뛰어나며 이 호수에서 학생들은 다양한 수상스포츠를 즐길 수 있다. 이러한 훌륭한 자연환경 때문에 컬버의 여름캠프는 미국에서 가장 인기 있는 사립학교 캠프로 명성이 높다.

컬버 밀리터리 아카데미에 입학하는 신입생들은 다른 사관학교와 마찬가지로 신입생도 교육과정을 반드시 거쳐야 한다. 모든 신입생도들은 오리엔테이션 투 컬버Orientation to Culver라는 교육프로그램을 의무적으로 들어야 하며, 여기서 학교의 역사, 전통, 예절, 생도로서 갖춰야 할 자세 등에 대해 배우게 된다. 컬버에서는 이러한 신입생 교육이 리더를 만드는 데 매우 중요한 과정이라고 보고 오랜 세월 동안 이러한 전통을 이어가고 있다. 오리엔테이션 프로그램이 끝나면, 신입생들 모두가 학교 평가위원회의 필기시험 및 면접을 통과해야 비로소 생도대의 공식 멤버로서 인정 받게 된다. 공식 멤버가 된 생도들은 계급이 올라감에 따라 다양한 리더십 경험을 하게 된다. 컬버 졸업생들의 명문대 합격률은 미국 내 사립 사관고등학교를 통틀어 최고 수준이며(도표 참조) '최고의 학교와 기업에'에 갈 수 있는 생도들을 양성하겠다는 설립자의 교육철학에 걸맞게 수많은 미국의 비즈니스 리더들을 배출해왔다. 컬버는 특히 미국 프로 스포츠팀 구단주를 여러 명 배출해 낸 학교로도 유명하다. 그들 중 가장 유명한 이름은 아마도 뉴욕 양키즈의 구단주인 조지 스타인브레너일 것이다. 그는 1948년 졸업생으로 그의 아들 둘도 컬버에 입학시켰고 모교에 수천만 불의 기부금을 전달하는 등 학교 발전에 큰 기여를 하였다. 1940년 졸업생인 버드 아담스Bud Adams는 미 NFL팀인 테네시 타이탄스Tennessee Titans의 구단주이다. 이 밖에도 NFL 캔자스 시티 칩스Kansas City Chiefs의 구단주이며 여러 프로 스포츠팀을 소유했던 라마르 헌트Lamar Hunt, LA 다저스의 구단주였던 월터 오말리Walter O'Malley도 이 학교 졸업생이다. 기타 기업인으로는 대형 자동차 및 물류 서비스 회사인 펜스케 코퍼레이션Penske Corporation의 로저 펜스케Roger Penske 회장, 재산규모 57억불로 멕시코의 2대 재벌인 알베르또 바예레스Alberto Bailleres, 한때 미국 최대 약국체인이었던 에커드 파머시Eckerd Pharmacy(현재 CVS Pharmacy)의 창립자 잭 에커드Jack Eckerd, 컨솔리데이티드 에어크래프트Consolidated Aircraft사의 창립자 루벤 플릿Reuben Fleet 등이 있고, 유고슬라비아 왕자 알렉산더Alexander, 미국 최고의 인기를 누렸던 텔레비전 영화평론 프로그램이었던 시스켈&에버트Siskel & Ebert의 진 시스켈Gene Siskel도 이 학교 졸업생이다.

컬버 여름캠프 스케치

설립연도	1894년	1년 학비	$37,000 (Boarding 기준)
위치	Culver, Indiana	교사:학생 비율	1:9
학교 총면적	약 220만평	종교기반	없음
교장	Mr. John N. Buxton	ESL/ESOL 프로그램	제공
교육체계	사관학교식 대학입시 준비과정(남자) 및 여자 사립고등학교	외국인 비율	22%
학년	9~12학년	장학생 비율	46%
총학생수	792명	평균 장학금	$23,163
군사교육 프로그램	자체 프로그램	입학지원 마감일	2월15일
JROTC 수석교관 계급	육군 대령 (예비역)		

AP 코스	Art, Biology, Calculus, Chemistry, Chinese language and culture, Computer science, Economics, English, French, German language, Government and politics, History, Latin, Music theory, Physics, Spanish, Statistics
최근 졸업생 진학대학	Boston University, Carnegie Mellon University, College of William & Mary, Columbia University, Cornell University, Duke University, New York University(NYU), Northwestern University, Princeton University, Stanford University, Washington University(St. Louis), United States Military Academy-West Point, United States Naval Academy, UCLA, University of Washington, Yale University 등
스포츠	Baseball, Basketball, Cheering, Crew, Cross-country running, Diving, Dressage, Equestrian sports, Fencing, Football, Golf, Horseback riding, Ice hockey, Indoor track & field, Lacrosse, Polo, Rugby, Sailing, Soccer, Softball, Swimming, Tennis, Track and field, Volleyball, Wrestling
특별활동	Marksmanship Team, Model UN, Art Club, Amnesty International, Middle East: Tell Me More, Badminton Club, Boy Scouts, Chess, Chinese Club, Computer Club, Cooking Club, Fellowship of Christian Athletes, French Club, Green Life, Greek Student Union, Sin Fronteras, Living History, Math Forum, No Labels, Ping Pong, Pipe and Drum, Quill, Roll Call, Skeet Trap/Shooting, Ski Club, Thespian, Vedette, Venturing, Paintball 등
주요동문	Bud Adams (미국 프로미식축구 Tennessee Titans 소유주), George Steinbrenner (미국 프로야구 New York Yankees 소유주), Gene Siskel (간판 영화평론가, Siskel & Ebert), Frank Batten(The Weather Channel 설립자), Alexander(유고슬라비아 왕세자)

Fishburne Military School

미국 버지니아 주 웨인스보로Waynesboro에 위치한 피시번 밀리터리 스쿨은 1879년 제임스 A. 피시번James A. Fishburne에 의해 설립된 학교로 주에서 가장 오래된 사립사관학교이며 1928년부터 JROTC 우수학교로 지정되었다. 최초에 웨인스보로 하이스쿨Waynesboro High School이라는 이름과 24명의 학생으로 설립된 이 학교는 1886년에 현재의 이름인 피시번 밀리터리 스쿨로 명명되었다.

1913년 설립자인 피시번이 은퇴하면서 모건 휴즈 허긴스Morgan Hughes Hudgins 소령이 교장으로 취임했는데, 이때부터 학교의 군사교육 체계가 그 자리를 잡아가기 시작했다. 허긴스 교장은 당시 웨스트 포인트 다음으로 으뜸가는 육군 사관학교였던 버지니아 밀리터리 인스티튜트(VMI)졸업생으로 그의 모교를 모델로 이 학교의 군사리더십 교육 프로그램을 발전시켰고, 교장으로 재직한 51년 동안 학교 발전을 위해 수많은 기여를 했다. 현재 교장은 로이 진저Roy Zinser 미육군 예비역 대령이 맡고 있다.

이 학교는 피시번 리더십교육프로그램(FLTP), 허긴스 소총시범단(Hudgins Rifle Team), 드릴팀, 기수단 등을 통해 생도들의 리더십을 키울 수 있는 다양

한 기회를 제공하고 있다. 특히 허긴스 드릴팀의 경우 2대 교장 허긴스를 기리기 위해 만들어진 시범단으로 미국 알링턴^{Arlington} 국립묘지 의장대인 미육군 제3보병연대(또는 The Old Guard)로부터 직접 훈련을 받는 등 강도 높은 훈련과 최고의 시범으로 그 명성이 높다.

현재 피시번에는 총 170여명의 생도가 재학 중이며, 사립사관학교 중 교사 대 학생 비율이 1:6으로 가장 낮은 학교 중 하나이기도 하다. 학비는 기숙생도를 기준으로 1년에 25,400달러이며 외국인 학생에게는 추가 비용이 붙는다. 총 13개의 바서티 스포츠^{varsity sports}를 제공하여, 모든 생도들에게 학교 대표팀 멤버로서 활약할 수 있는 기회를 제공하고 있다. 여름에는 사관학교식 여름캠프 프로그램도 제공하고 있으며, 비용은 약 3,400달러 정도이다.

외국인 학생 비율은 약 5% 정도이다. 그러나 영어능력이 부족한 외국인 학생들을 위한 ESL/ESOL 프로그램은 제공하지 않기 때문에 영어실력을 어느 정도 갖춰야 한다.

동문으로는 제럴드 L. 발라일스^{Gerald L. Baliles} 전 버지니아 주지사, 빈스 맥마흔^{Vince McMahon} WWE^(World Wrestling Entertainment Inc.) 회장 등이 있다.

Fishburne Military School

설립연도	1879년	1년 학비	$25,400 (Boarding 기준)
위치	Waynesboro, Virginia	교사:학생 비율	1:6
학교 총면적	약 1만1천평	종교기반	없음
교장	COL Roy F. Zinser (미육군 예비역 대령)	ESL/ESOL 프로그램	없음
교육체계	사관학교식 대학입시 준비과정(남자)	외국인 비율	5%
학년	7~12학년	장학생 비율	40%
총학생수	170명	평균 장학금	자료없음
군사교육 프로그램	Army JROTC (육군)	입학지원 마감일	연중
AP 코스	자료없음		
최근 졸업생 진학대학	Miami University, Penn State-University Park, United States Military Academy(West Point), University of Virginia, Virginia Military Institute, Virginia Polytechnic Institute and State University		
스포츠	Baseball, Basketball, Cross Country, Football, Golf, Lacrosse, Rifle, Soccer, Swimming, Tennis, Wrestling		
특별활동	Armed Drill Team, Battalion Staff, Chorus, Drama Club, Honor Guard, Hudgins Rifles, Key Club, Newspaper, Raiders, Skiing/Snowboarding Club, Weightlifting		
주요동문	Gerald L. Baliles (전 버지니아 주지사), Vince McMahon (World Wrestling Entertainment Inc. 회장		

Florida Air Academy

플로리다 에어 아카데미는 1961년 조나단 드와이트Jonathan Dwight에 의해 설립된 공군 JROTC 커리큘럼을 제공하는 사립사관학교로 플로리다 주 멜본Melbourne에 위치해 있다. 플로리다에서 가장 큰 기숙형 사립학교 중 하나이며 7~12학년까지의 교육과정을 제공한다. 특별한 종교적 기반은 없으며 총 350명의 학생 중 200명이 기숙사 생활을 하고 나머지 150명은 데이 스튜던트day student들이다. 외국인 학생 비율은 약 20% 정도로 높은 편에 속한다. 공군 JROTC의 특성 상 조종사 자격증 취득을 위한 비행훈련도 가능하다. 캠퍼스에는 지중해 스타일의 아름다운 건축물들이 많아 학교의 자랑이기도 하다. 지리적으로는 올랜도Orlando에서 72km 거리에 있고 플로리다 해변과 가까운 곳에 위치하고 있어 자연환경도 매우 훌륭하다. 1년 학비는 기숙생도 기준으로 31,500달러이며 외국인 학생에게는 추가 비용이 붙는다.

Florida Air Academy

설립연도	1961년	1년 학비	$31,500 (Boarding 기준)
위치	Melbourne, Florida	교사:학생 비율	1:13
학교 총면적	약 1만8천평	종교기반	없음
교장	COL Roy F. Zinser (미육군 예비역 대령)	ESL/ESOL 프로그램	제공
교육체계	사관학교식 대학입시 준비과정(남녀공학)	외국인 비율	20%
학년	7~12학년	장학생 비율	20%
총학생수	360명	평균 장학금	$3,000
군사교육 프로그램	Air Force JROTC (공군)	입학지원 마감일	연중 수시
AP 코스	English Language and Composition, US History, English Literature and Composition, Spanish Language, Chemistry, Calculus AB, US Government & Politics 등 *Dual Enrollment Program을 통해 인근 대학 코스 수강도 가능		
최근 졸업생 진학대학	자료없음		
스포츠	Dance Team, Football, Volleyball, Golf, Swimming, Basketball, Soccer, Wrestling, Baseball, Tennis, Track & Field, Weightlifting, Softball		
특별활동	AFJROTC & Special Teams, Surfing Club, Skateboarding Club, National Honor Society, Kitty Hawk Air Society, Academic Team, Model Rocket Club, Equestrian Program, Scuba, Private Pilot Program, Junior Wings		
주요동문	Andy Gonzalez(미국 프로야구 선수) 등		

Fork Union Military Academy

　　포크 유니언 밀리터리 아카데미는 1898년 침례교 목사인 윌리엄 E. 헤처Dr. William E. Hatcher에 의해 설립된 사립사관학교로 현재 미국 버지니아 주 포크 유니언Fork Union에 위치하고 있다. JROTC가 아닌 자체 군사교육 프로그램을 개발하여 운영하고 있으며, 6학년부터 12학년까지의 중고등학교 교육 커리큘럼을 제공한다. 중고등학교 정규과정 이외에도 영어, 역사, 외국어, 수학, 과학 등의 수업을 포함한 여름캠프 프로그램도 제공한다. 이 학교는 백파이프 연주단을 포함한 군악대가 매우 명성이 높으며, 지금까지 총 70명의 졸업생이 미국 NFL 프로 미식축구 선수가 되는 등 매우 체계적인 스포츠 교육시스템을 갖고 있는 학교이다. 1년 학비는 기숙생도 기준으로 31,050달러이다. 외국인 학생 비율은 4%로 가장 낮은 학교 중 하나이다.

설립연도	1898년	1년 학비	$31,050 (Boarding 기준)
위치	Fork Union, Virginia	교사:학생 비율	1:10
학교 총면적	약 120만평	종교기반	Baptist
교장	LTG John Jackson (예비역 미공군 중장)	ESL/ESOL 프로그램	없음
교육체계	사관학교식 대학입시 준비과정(남자)	외국인 비율	4%
학년	6~12학년	장학생 비율	25%
총학생수	535명	평균 장학금	$7,717
군사교육 프로그램	자체프로그램	입학지원 마감일	연중
AP 코스	English Language, English Composition, Calculus AB and BC, Biology, US History, US Government, Psychology 등 *Dual Enrollment Program을 통해 인근 대학 코스 수강도 가능 English Composition, Political Science, International Relations, Calculus, Pre-Calculus/Trigonometry, Computer Science		
최근 졸업생 진학대학	George Mason University, Louisiana State University, Michigan State University, New Mexico State University, North Carolina A & T University, Norwich University, Ohio University, St. Andrew's College, Temple University, The Citadel, United States Military Academy (West Point), United States Naval Academy (Annapolis), University of Alabama, University of Arkansas, University of Illinois-Champaign, University of Maryland, Virginia Military Institute, Virginia Tech		
스포츠	Baseball, Cross Country, Football, Prep Football, Soccer, Rifle Team, Indoor Track, Indoor Soccer, Basketball, Basketball, Tennis, Wrestling, Swimming & Diving 등		
특별활동	A Team Color Guard, Band, Boy Scouts of America, Chess Club, Choir, Classic Cinema Club, Debate Club, Fellowship of Christian Athletes, Honor Council, Paintballing Club, Retan Rifles, Sports Information, Dissemination Club, Water Polo Club 등		
주요동문	Vinny Testaverde (전 미국 NFL 프로미식축구 쿼터백), Eddie George ('95년도 Heisman Trophy 수상자, NFL 프로미식축구 선수), John Hilton (전 NFL Pittsburg Steelers 선수)		

Hargrave Military Academy

하그레이브 밀리터리 스쿨은 1909년 지역의 부농이었던 J. 헌트 하그레이브J. Hunt Hargrave에 의해 설립된 학교로서 현재 버지니아 주 채텀Chatham에 위치해 있다. 침례교 기반의 학교로서 7학년부터 12학년까지의 일반 중고등학교 교육 커리큘럼을 제공하며, 종교 및 군사적 가치관을 교육에 접목하여 체계적인 리더십 교육 프로그램을 갖추고 있다. 미국 남부 지역에서 매우 명성이 높은 사립사관학교이며, JROTC가 아닌 독립적인 자체 군사리더십 교육프로그램을 제공한다. 1년 학비는 기숙생도 기준으로 30,800달러이며, 외국인 학생 비율은 7% 정도이다. 특히 이 학교는 콜린 파웰 리더십 센터(Gen. Collin Powell Center for Leadership & Ethics)를 통해 매우 체계적인 생도 리더십 교육 프로그램을 갖추고 있다. 이 센터의 교육과정을 모두 성공적으로 마친 학생들에게는 학교 졸업장 외에도 콜린 파웰 리더십 훈장과 리더십과정 수료증을 추가로 받는다. 동문으로는 월터 B. 존스Walter B. Jones 미 하원의원, 현 아프가니스탄 합동안보전환사령부 사령관 윌리엄 B. 콜드웰William B. Caldwell 미육군 중장, 미 NBA 프로농구팀인 디트로이트 피스톤즈Detroit Pistons의 전 감독 래리 브라운Larry Brown, 전 버지니아 주 변호사협회 회장 스콧 스트리트Scott Street 등이 있다.

설립연도	1909년	1년 학비	$30,800 (Boarding 기준)
위치	Chatham, Virginia	교사:학생 비율	1:11
학교 총면적	약 26만평	종교기반	Baptist
교장	COL Wheeler L. Baker (미해병대 예비역 대령)	ESL/ESOL 프로그램	제공
교육체계	사관학교식 대학입시 준비과정(남자)	외국인 비율	7%
학년	7~12학년	장학생 비율	25%
총학생수	약 350명	평균 장학금	$2,500
군사교육 프로그램	자체 프로그램	입학지원 마감일	연중
AP 코스	Spanish V AP, Physics, Critical Reading and Writing(CRW), Calculus, AP Biology 등		
최근 졸업생 진학대학	Georgetown University (카타르 분교), Hampden-Sydney College, North Carolina State University, University of North Carolina-Charlotte, The Citadel, Virginia Military Institute (VMI), Virginia Tech, US Naval Academy, Western Carolina University		
스포츠	Baseball, Basketball, Cross Country, Football, Golf, Lacrosse, Rifle Team, Soccer, Swimming & Diving, Tennis, Wrestling		
특별활동	Battalion Staff, Camden Rifles, Colin Powell Leadership Program, Computer Club, French Club, Highlanders(Drum and Bagpipes), HMA Players(Drama), International Club, Literary Magazine, National Beta Club, Paintball Club, Presidential Physical Fitness, Sabre Club(Seniors), Ski Club, Speech and Debate Team, Weight Lifting 등		
주요동문	Ward Burton (2002 Daytona 500 카레이싱 챔피언), Walter B. Jones (미 하원의원), LTG William B. Caldwell (미육군 중장, 2010년 현재 아프가니스탄 합동안보전환 사령부 사령관, 전 이라크 다국적군사령부[MNFI] 대변인), Larry Brwon (전 NBA Detroit Pistons 감독), Torry Holt (NFL 프로미식축구 선수), Scott Street (전 버지니아주 변호사협회 회장)		

Howe Military School

호우 밀리터리 스쿨은 1884년 설립된 사립사관학교로 인디애나 주 호우^{Howe}에 위치해 있다. 호우 그래머 스쿨^{Howe Grammar School}이라는 이름으로 최초 설립되었으며 처음에는 종교학교로 목사가 되는 데 필요한 교육과정을 중점적으로 가르쳤다. 1895년에 공식적으로 호우 밀리터리 스쿨로 명명되었고, 1988년에 남녀공학 사관학교가 되었다. 현재 5학년부터 12학년까지의 교육 커리큘럼을 제공하며, 총 학생수는 약 190명 정도이다. 육군 JROTC 군사교육 프로그램을 운영하고 있으며, 1년 학비는 26,800달러이고 외국인 학생 비율은 7% 정도이다.

대학학점으로 인정받을 수 있는 AP 코스에는 생물^{Biology}, 미적분학^{Calculus}, 화학^{Chemistry}, 영어^{English} 등이 있으며, 야구, 농구, 크로스컨트리, 미식축구, 골프, 승마, 라크로스, 사격, 축구, 수영 및 다이빙, 테니스, 배구, 레슬링 등의 스포츠 활동을 즐길 수 있다. 이외에도 다양한 JROTC관련 특별활동과 클럽활동 프로그램을 제공한다.

설립연도	1884년	1년 학비	$26,800 (Boarding 기준)
위치	Howe, Indiana	교사:학생 비율	1:8
학교 총면적	약 12만평	종교기반	Episcopal
교장	Dr. Duane D. VanOrden	ESL/ESOL 프로그램	제공
교육체계	사관학교식 대학입시 준비과정(남녀공학)	외국인 비율	7%
학년	5~12학년	장학생 비율	50%
총학생수	192명	평균 장학금	$5,000
군사교육 프로그램	Army JROTC (육군)	입학지원 마감일	연중
AP 코스	Biology, Calculus, Chemistry, English		
최근 졸업생 진학대학	Adrian College, Lake Superior State University, Michigan State University, Rose-Hulman Institute of Technology, The College of Wooster		
스포츠	Baseball, Basketball, Cross Country, Football, Golf, Horseback Riding, Lacrosse, Rifle Team, Physical Training(PT for Boys), Physical Fitness(Coed), Soccer, Swimming & Diving, Tennis, Volleyball, Wrestling		
특별활동	Acolytes, Boy Scouts, Choir, Debate Team, ECS Club, Foreign Language Club, Iron Guard, L.I.F.E., National Honor Society, Quill and Scroll, Raiders, Student Government, Yearbook Staff		
주요동문	자료없음		

* (B)=Boy, (G)=Girl, (B, G)=Boy & Girl, (Coed)=Coeducation

Massanutten Military Academy

    매사누턴 밀리터리 아카데미는 1899년에 설립된 사립사관학교로 버지니아 주의 역사 깊은 도시인 우드스탁Woodstock에 위치하고 있다. 1916년 미 국가방위법 개정을 통해 JROTC 프로그램이 법제화되었고, 이듬해인 1917년에 공식적으로 군사리더십 교육을 시작했다. 학교 총면적은 4만8천평으로 준수한 수준이며, 총 학생수는 약 170명 정도로 약간 적은 규모이다. 남녀공학 학교이며, 군사교육 프로그램은 육군 JROTC 프로그램을 채택하고 있다. 미국의 유명한 국립공원 중 하나인 셰년도어 내셔널 파크Shenandoah National Park와 근접해 있어 주변 자연환경이 좋다.

    1년 학비는 기숙생도 기준으로 25,200달러이며 외국인의 경우 추가 비용이 붙는다. 외국인 학생 비율은 약 12% 정도이다. 졸업생들은 주로 버지니아대학교를 포함한 남동부 지역 대학에 진학을 많이 하는 편이고 일부 졸업생들은 미육군사관학교, 미해군사관학교로 진학하기도 한다. 대학학점으로 인정받을 수 있는 AP 코스에는 미적분학Calculus, 영어English, 정치학Government and Politics, 역사History 등이 있다.

    스포츠 활동으로는 야구, 농구, 크로스컨트리, 미식축구, 골프, 라크로

스 축구, 소프트볼, 수영, 테니스, 배구, 레슬링 등이 있고, JROTC관련 활동으로는 학교 대표로 활동할 수 있는 남녀 혼성 드릴팀이 있다. 다양한 예술 교육프로그램도 제공되어 미술, 악기, 연기, 성악 등의 코스가 있으며, 최근에는 새롭게 밴드, 드라마 및 연극 등이 추가되었다.

동문으로는 NFL 미국 프로미식축구 선수로 명예의 전당까지 오른 잭 햄^{Jack Ham}, 전 미해양경비대 사령관인 알프레드 C. 리치몬드^{Alfred C. Richmond} 제독 등이 있다.

설립연도	1899년	1년 학비	$25,200 (Boarding 기준)
위치	Woodstock, Virginia	교사:학생 비율	1:8
학교 총면적	약 4만8천평	종교기반	Christian
교장	Mr. Craig Jones	ESL/ESOL 프로그램	제공
교육체계	사관학교식 대학입시 준비과정(남녀공학)	외국인 비율	12%
학년	7~12학년, PG	장학생 비율	30%
총학생수	170명	평균 장학금	$1,500
군사교육 프로그램	Army JROTC (육군)	입학지원 마감일	연중
AP 코스	Calculus, English, Government and politics, History		
최근 졸업생 진학대학	George Mason University, Mary Baldwin College, Radford University, The Citadel, The Military College of South Carolina, University of Georgia, Virginia Polytechnic Institute and State University, US Military Academy at West Point, US Naval Academy at Annapolis 등		
스포츠	Baseball, Basketball, Cross Country, Drill Team, Fooball, Golf, Lacrosse, Raiders, Softball, Soccer, Swim, Tennis, Track		
특별활동	Art, Boy Scout Troop 1899, Community Service, Drama, Pistol, Yearbook/Journalism, Interact, National Honor Society, SCUBA 등		
주요동문	Jack Ham (NFL 프로미식축구선수, NFL 명예의 전당), Admiral Alfred C. Richmond (전 미해양경비대 사령관) 등		

Missouri Military Academy

   미국 중서부 지역에서 최고의 역사와 전통을 자랑하는 사립사관학교 중 하나인 미주리 밀리터리 아카데미는 1889년, 미주리 주의 조그만 도시 멕시코Mexico의 주민들이 훌륭한 리더 양성에 대한 꿈을 갖고 성금을 모으고 24만평의 토지를 기부하여 설립되었다. 설립 후 7년 만인 1896년 학교 건물이 화재로 전소되는 등 우여곡절을 겪었지만 마을주민들의 지속적인 애정으로 재건에 성공하였고 지난 100년간 총 8명의 교장을 거치며 지속적인 성장을 거듭하여 1985년에는 미교육부(U.S. Department of Education)가 선정한 모범적인 사립학교 리스트에 오르는 성과를 거두었다.

   미주리 밀리터리 아카데미는 미주리 주 세인트루이스St. Louis에서 1시간 반 거리에 있는 작은 도시인 멕시코에 위치해 있다. 학교 캠퍼스의 총 면적은 35만평으로 서울대학교보다 조금 작고 고려대학교보다 약간 큰 규모이며, 새로 건립한 건물들이 많아 교육시설이 상당히 좋은 학교이다. 기부금 유치 규모도 4천3백만 달러로 사립사관학교로서는 상위권에 속하며 학교 발전과 생도들을 위한 지속적인 투자가 이뤄지고 있다. 학교에서 차로 30분 거리에는 언론학으로 최고의 명성을 자랑하는 미주리 주

립대학University of Missouri-Columbia이, 동쪽으로 1시간 반 거리인 세인트루이스에는 중부의 아이비리그로 불리는 워싱턴대학교Washington University가 위치해 있다. 이런 대학도시를 중심으로 한국 유학생들과 교민들이 상당수 살고 있어 가끔 한국 음식을 먹을 수 있는 기회도 가질 수 있다.

1년 학비는 기숙생도 기준으로 27,750달러이며 외국인 학생의 경우 추가 비용이 붙는다. 외국인 학생 비율은 41%로 미국 내 사관학교들 중 가장 높은 학교 중 하나이다. 현재 교장은 예비역 미 해병대 소장 로버트 M. 플래니건Robert M. Flanagan 장군이 맡고 있다.

동문으로는 한때 세계 최고 갑부였던 항공재벌 하워드 휴즈의 부친이며 지역 유지였던 하워드 R. 휴즈Howard R. Hughes, Sr., 전 미해병대 사령관 클리프턴 케이츠Clifton Cates 장군, 전 오클라호마 주 대법원장 윌리엄 베리William Berry, 전 미육군군수참모부장 잭 퍼슨Jack Fuson 장군, 세계적인 열기구 탐험가 맥시 앤더슨Maxie Anderson 등이 있다.

설립연도	1889년	1년 학비	$27,750 (Boarding 기준)
위치	Mexico, Missouri	교사:학생 비율	1:11
학교 총면적	약 35만평	종교기반	Christian
교장	MG Robert M. Flanagan (미해병대 예비역 소장)	ESL/ESOL 프로그램	제공
교육체계	사관학교식 대학입시 준비과정(남자)	외국인 비율	41%
학년	6~12학년, PG	장학생 비율	45%
총학생수	292명	평균 장학금	$6,000
군사교육 프로그램	Army JROTC (육군)	입학지원 마감일	연중 수시
AP 코스	US History, Spanish, English IV, Economics, Calculus BC		
최근 졸업생 진학대학	University of Missouri-Columbia, University of Texas-Austin, Texas A&M University, Baylor University, University of Arizona, University of Miami, St. Louis University, Purdue University, University of Illinois-Champagne		
스포츠	Aquatics (B), Baseball (B), Basketball (B), Cross-country running (B), Diving (B), Drill team (B), Equestrian (B), Football (B), Golf (B), JROTC drill (B), Marksmanship (B), Outdoor activities (B), Riflery (B), Soccer (B), Swimming and diving (B), Tennis (B), Track and field (B), Wrestling (B)		
특별활동	Aviation Flight Training, Boy Scouts, Chess Club, Future Business Leaders of America(FBLA), National History Club, Railsplitters Club, Chorus, Delta Phi Honor Society, Drill Team, Flag Football, Intramural Soccer, Intramural Swimming, Literary Magazine, Military History Club, Military Skills(Raiders), Newspaper, Saber Club		
주요동문	Howard R. Hughes Sr. (1900년대 초 미국 최고 갑부, 항공재벌 Robert R. Hughes Jr.의 부친), Judge William Berry (전 오클라호마주 대법원장), LTG Jack Fuson (전 미육군 참모차장), Cody Fowler (전 전미변호사협회 회장), Gen. Clifton Cates (전 미해병대 사령관)		

New Mexico Military Institute(NMMI)

  남서부 지역의 최고 명문 사관고등학교 중 하나인 뉴멕시코 밀리터리 인스티튜트(NMMI)는 고등학교 과정을 제공하는 기숙형 사관학교 중 유일하게 주정부의 지원을 받는 학교이다. 장교 조기임관이 가능한 2년제 주니어 컬리지Junior College와 9학년부터 12학년까지의 고등학교 교육 커리큘럼을 제공한다. 1891년 조셉 C. 리Joseph C. Lea에 의해 설립되었으며, 뉴멕시코 주 로스웰Roswell에 위치해 있다. 교육 프로그램 및 생활방식은 버지니아 밀리터리 인스티튜트를 모델로 한 것으로 알려져 있으며, 학교장은 미육군 예비역 소장 출신이고, 생도대장도 미육군 예비역 준장 출신이 맡고 있다. 현재 총 학생수는 고등학교와 대학교를 포함해 약 1,000명 정도이다.

  NMMI의 가장 큰 장점은 주정부의 지원을 받기 때문에 1년 학비가 12,300달러 정도로 기숙형 사관학교 중에서 가장 저렴하다는 것이다. 그러나 교육여건은 타학교와 견주어 전혀 뒤지지 않아, 학교 시설에 대한 투자가 지속적으로 이루어지고 있고 다양한 교육, 체육, 특별활동 프로그램을 제공하며, 특히 사관학교들 중 가장 많은 특별활동 프로그램을

제공하고 있다.

　유명한 동문으로는 힐튼 호텔 체인 설립자인 콘라드 힐튼, 미국 ABC 뉴스 간판 앵커인 샘 도널드슨, 미 CNN 수석 뉴스앵커인 척 로버츠^{Chuck Roberts}, 미국의 유명 백화점 시어스^{Sears}의 전 대표이사 오스틴 쿠쉬맨^{Austin Cushman}, 세계적인 레스토랑 체인 칠리스^{Chili's}의 소유주 놈 브린커^{Norm Brinker}, 전 아칸소 주지사 프랭크 화이트^{Frank White}, NFL 명예의 전당 선수 로저 스타우바흐^{Roger Staubach} 등이 있다.

New Mexico Military Institute (NMMI)

설립연도	1891년	1년 학비	$12,301 (Boarding 기준)
위치	Roswell, New Mexico	교사:학생 비율	1:16
학교 총면적	약 36만평	종교기반	없음
교장	MG Jerry Grizzle (미육군 예비역 소장)	ESL/ESOL 프로그램	제공
교육체계	미국내 유일한 주립 사관고등학교(남녀공학)	외국인 비율	17%
학년	9~12학년, PG, Junior College	장학생 비율	75%
총학생수	약 1,000명 (대학 포함)	평균 장학금	$3,000
군사교육 프로그램	Army JROTC (육군)	입학지원 마감일	연중 수시
AP 코스	자료없음		
최근 졸업생 진학대학	New Mexico Military Institute, New Mexico State University, United States Air Force Academy, University of Denver, University of New Mexico		
스포츠	Aquatics (B,G), Baseball (B), Basketball (B,G), Cheering (B,G), Cross-country running (B,G), Diving (B,G), Drill team (Coed), Football (B), Golf (Coed), JROTC drill (Coed), Life saving (Coed), Marksmanship (Coed), Riflery (Coed), Soccer (Coed), Strength & conditioning (B,G), Swimming and diving (Coed), Tennis (B,G,Coed), Track and field (G), Volleyball (G)		
특별활동	African American Student Alliance, Astronomy Club, Bataan Memorial March-SROTC, Bronco Yearbook, Chess Club, Choir, Close Up, Constabulary, Etiquette Committee, First Tee Program of the PGA, HAM Radio Club, HOSTS Program(Community Service), Jazz Band, Math & Science Club, Mexican Club, National Honor Society, Pacific Islander Club, Peer Tutoring, Photo Squad, Racquetball, Shakespeare Festival, Speech & Debate, Swimming Club, USAFA Falcon Club, Yoga Club 등		
주요동문	Conrad Hilton (Hilton Hotel 설립자), Roger Staubach (전 NFL 프로미식축구 선수, NFL 명예의 전당), Frank White (Arkansas주 주지사), Austin Cushman (전 Sears 대표 이사), Norm Brinker (세계적인 레스토랑 체인 Chili's 소유주), Sam Donaldson (ABC News 간판 앵커), Chuck Roberts (CNN 수석 뉴스 앵커) 등		

Oak Ridge Military Academy

1852년에 설립된 오크리지 밀리터리 아카데미는 현존하는 사립사관 학교 중 두 번째로 오래된 학교로 노스캐롤라이나 주 오크리지Oak Ridge에 위치하고 있다. 주의 공식 사관학교로 명명되기도 한 전통 있는 이 학교는, 퀘이커Quaker 교도 단체인 소사이어티 오브 프렌즈Society of Friends에 의해 처음 설립되었다. 1875년부터 1914년까지 교수 형제였던 J. 앨런 홀트J. Allen Holt와 마틴 홀트Martin Holt가 학교를 운영하며 노스캐롤라이나에서 최고의 명성을 자랑하는 사립학교로 성장시켰다.

제1차 세계대전 중에 JROTC 프로그램을 채택하였고, 1929년 공식적으로 군사리더십 교육을 하는 사관학교가 되었다. 제2차 세계대전 당시에는 127명의 학교 동문이 참전하여 퍼플 하트Purple Heart 훈장(전투에서 부상을 당한 장병에게 수여)을 받았고, 27명의 동문들이 은성훈장을 수여받았다. 1972년에는 미국에서 최초로 여성 생도 입학을 허가했다. 현존하는 사관학교 중 유일하게 드릴팀 미국챔피언십에서 우승 경험이 있는 학교이기도 하다.

학교부지는 약 12만평이고, 1년 학비는 기숙학교 기준으로 25,667달러이며 처음 입학하는 외국인 학생들에게 추가 비용이 붙는다. 외국인 학생 비율은 약 20%이며 ESL/ESOL 영어 프로그램을 제공한다.

동문으로는 미국 프로 나스카 카레이싱 챔피언인 데일 언하트, 전 미국 하원의원인 앨빈 폴 키친 등이 있다.

Oak Ridge Military Academy

설립연도	1852년	1년 학비	$25,667 (Boarding 기준)
위치	Oak Ridge, North Carolina	교사:학생 비율	1:11
학교 총면적	약 12만평	종교기반	Christian
교장	Mr. Cuyler McKnight	ESL/ESOL 프로그램	제공
교육체계	사관학교식 대학입시 준비과정(남녀공학)	외국인 비율	20%
학년	7~12학년	장학생 비율	25%
총학생수	160명	평균 장학금	$1,200
군사교육 프로그램	Army JROTC (육군)	입학지원 마감일	연중 수시
JROTC 수석교관 계급	자료없음		
AP 코스	English, US History		
최근 졸업생 진학대학	Appalachian State University, East Carolina University, North Carolina State University, The Citadel, University of North Carolina at Chapel Hill, University of North Carolina at Charlotte 등		
스포츠	Baseball (B), Basketball (B,G), Cross-country running (Coed), Drill team (Coed), Golf (B), JROTC drill (Coed), Marksmanship (Coed), Riflery (Coed), Soccer (B,G), Swimming and diving (B,G,Coed), Tennis (B), Track and field (B,G,Coed), Volleyball (G), Wrestling (B)		
특별활동	Paint Ball, Rappelling, Band, Chorus, Chess Club, Camping, Dances, Drama Club 등		
주요동문	Dale Earnhardt Jr. (미국 프로 카레이싱 NASCAR 챔피언), Alvin Paul Kitchin (전 미 하원 의원)		

Randolph-Macon Academy

란돌프-메이컨 아카데미는 버지니아 주 프론트로얄^{Front Royal}에 위치한 사립사관학교로 란돌프-메이컨 컬리지^{Randoph-Macon College} 총장이었던 윌리엄 W. 스미스^{William W. Smith} 박사가 이 대학에 우수한 학생들을 유치하기 위해 대학진학에 초점을 맞춘 사립학교 설립을 추진하여 1892년 설립되었다. 역사와 전통은 물론 현재 미국 사립 사관고등학교들 중 우수 대학 진학률이 가장 높은 학교 중 하나이다. 미국의 수도 워싱턴 D.C.에서 약 110km 거리에 위치해 있다. 남녀공학 사관학교이며, 6~12학년과 PG^(PostGraduate) 교육 커리큘럼을 제공한다. 군사교육 프로그램으로 공군 JROTC를 채택하고 있으며, 생도가 희망할 경우 학교가 자체 소유하고 있는 비행기로 조종사 훈련도 받을 수 있다. 1년 학비는 기숙생도 기준으로 29,532달러이며 외국인 생도는 추가 비용이 적용된다.

처음에 42명의 남자학생으로 운영을 시작한 이 학교는 1918년에 군사 리더십 교육을 공식적으로 채택하였다. 그리고 한국전쟁 이후부터 큰 성장을 이루었는데, 약 2만여평 정도였던 학교 부지가 11만여평으로 크게 확장되었고, 지속적인 학생수의 증가로 교사들을 위한 관사, 체육관 등

이 증설되었다. 또한 같은 시기에 버지니아 주 연합감리교 협의회의 도움으로 500명이 들어갈 수 있는 예배당도 건립되었다.

베트남전 패전 등의 영향으로 사관학교의 암흑기라고 할 수 있는 1970년대를 잘 이겨낸 란돌프-메이컨 아카데미는 1980년대에 들어서는 또 한 번 대대적인 학교 확장을 하게 된다. 학교 부지는 16만 5천 평으로 더욱 커졌고, 음악수업을 듣는 더 풀톤 빌딩The Fulton Building, 공군 JROTC 비행수업, 수학, 외국어, 과학 수업 및 실험실을 갖추고 있는 크로우홀Crow Hall, 500명 규모의 학교 식당과 여자 기숙사인 터너홀Turner Hall 등이 새로 건립되었다. 1995년에는 중학교 건물도 새로 신축되었다. 또한 프론트로얄와렌Front Royal-Warren 공항에 학교 자체의 격납고와 학교 소유의 비행기 3대도 갖추게 되었다.

현재 학교장인 헨리 M. 하브굿Henry M. Hobgood 장군(예비역 미공군 중장)이 취임한지 4년 만인 2001년에는 학교 총 학생수는 500명 이상으로 급격히 증가하였고, 현재 350명 이상의 학생이 재학 중에 있다. 일반 대학진학 준비 교육과정과 공군 JROTC 프로그램은 물론 학생들의 자기계발을 위한 다양한 특별활동 프로그램을 제공하고 있다. 특히 학생들이 다양한 주제로 연설과 토론 경연을 하는 스피치 앤드 디베이트 팀Speech and Debate Team, 비행기 조종사 훈련 프로그램 등은 학생들에게 매우 인기가 높다고 한다. 예술 및 음악에 관심이 있는 학생들을 위한 악기 개인교습이 가능하며, 연극영화에 관심 있는 학생들을 위한 드라마 클럽도 있다.

Randolph-Macon Academy

설립연도	1892년	1년 학비	$29,532 (Boarding 기준)
위치	Front Royal, Virginia	교사:학생 비율	1:9
학교 총면적	약 16만평	종교기반	United Methodist
교장	MG Henry M. Hobgood (미공군 예비역 소장)	ESL/ESOL 프로그램	제공
교육체계	사관학교식 대학입시 준비과정(남녀공학)	외국인 비율	19%
학년	6~12학년, PG	장학생 비율	10%
총학생수	386명	평균 장학금	$1,200
군사교육 프로그램	Air Force JROTC (공군)	입학지원 마감일	3월1일/연중
AP 코스	Biology, Calculus, English, French, German, Government and politics, Physics, Spanish, Statistics 등		
최근 졸업생 진학대학	Boston College, Columbia University, Cornell University, Dartmouth University, Duke University, Harvard University, Massachusetts Institute of Technology(MIT), New York University (NYU), Princeton University, Smith College, Stanford University, UCLA, UC-Berkeley, University of Pennsylvania, Washington University(St. Louis) 등		
스포츠	Baseball (B), Basketball (B,G), Cheering (Coed), Cross-country running (B,G), Drill team (Coed), Equestrian sports (Coed), Football (B), Golf (Coed), JROTC drill (Coed), Lacrosse (B), Soccer (B,G), Softball (G), Swimming and diving (B,G), Tennis (B,G), Track and Field (B,G), Volleyball (B,G), Wrestling (B) 등		
특별활동	Armed Drill Team, Chess Club, Drama, Flight Program, Honor Guard, Korean Club, National Honor Society, Residential Life, Committee, Speech and Debate, Weightlifting 등		
주요동문	자료없음		

Riverside Military Academy

리버사이드 밀리터리 아카데미는 미국 조지아 주 게인스빌Gainesville에 위치한 사립사관학교로 1907년 브레뉴 컬리지Brenau College 교수로 재직 중이던 반 후스A.W. Van Hoose와 피어스H.J. Pearce에 의해 설립되었다. 1913년에 교장으로 추대된 샌디 비버Sandy Beaver가 세상을 떠난 1969년까지 학교장으로 재직하면서 학교 발전에 큰 기여를 하였다. 리버사이드는 1931년부터 플로리다 주 남부에서 겨울 캠퍼스를 약 50년간 운영하였는데, 예전에는 1월에서 3월까지는 플로리다에서 보내고 나머지 학기를 게인스빌 본교에서 수업을 했다고 한다.

1997년부터 2004년까지 대대적인 리모델링 공사를 하여 매우 현대화된 기숙사, 강의실, 강당, 식당 등을 갖추고 있는데 공사비용만 9천5백만 달러(약 1천억원)가 소요되었다. 남자학교로 총 학생수는 지역 데이 스튜던트들을 포함해 약 330명 정도이다. 7학년부터 12학년까지 중고등학교 교육 커리큘럼을 제공한다. 외국인 학생 비율은 28%로 상당히 높은 편이며, 외국인 기준으로 1년 학비는 31,000달러이다.

동문으로는 지미 카터Jimmy Carter 전 미국대통령 부친인 제임스 얼 카터

James Earl Carter, Sr., 전 페어차일드엔진&에어플레인 Fairchild Engine & Airplane Corp. 사장인 리처드 S. 보틀레 Richard S. Boutelle, 베트남전 당시 미해군 참모총장을 지낸 데이비드 L. 맥도널드 David L. McDonald 제독, 미국 최대 철도회사인 앰트렉 AMTRAK 초대 회장을 지낸 로저 루이스 Roger Lewis 등이 있다.

설립연도	1907년	1년 학비	$27,500 (Boarding 기준)
위치	Gainesville, Georgia	교사:학생 비율	1:10
학교 총면적	약 25만평	종교기반	없음
교장	COL/Dr. James H. Benson, Sr. (미해병대 예비역 대령)	ESL/ESOL 프로그램	제공
교육체계	사관학교식 대학입시 준비과정(남녀공학)	외국인 비율	28%
학년	7~12학년	장학생 비율	30%
총학생수	330명	평균 장학금	$1,200
군사교육 프로그램	Army JROTC (육군)	입학지원 마감일	3월1일/연중
AP 코스	World History, Biology, French, Spanish, Statistics, Chemistry, British Literature, American Literature 등		
최근 졸업생 진학대학	University of Alabama, University of Georgia, Clemson University, University of Florida, Georgia Institute of Technology, Johns Hopkins University, New York University, The Citadel, Virginia Military Institute, Emory University, Purdue University, Emory University, Purdue University, Vanderbilt University, University of California-Berkeley, US Military Academy-West Point, US Naval Academy-Annapolis 등		
스포츠	Baseball (B), Basketball (B), Cross-country running (B), Football (B), Golf (B), Lacrosse (B), Marksmanship (B), Riflery (B), Soccer (B), Swimming and diving (B), Tennis (B), Track and field (B), Wrestling (B)		
특별활동	Academic Bowl Team, Aviation Program, Boy Scouts of America, Color Guard, Drill Team, Fellowship of Christian Athletes, Honor Council, Horton Society, International Club, Jewish Students Association, Literacy Society, Multimedia Club, National Honor Society, National Junior Honor Society, Peer Tutoring Association, Raiders, Rangers, Tri-M Music Honor Society,		
주요동문	James Earl Carter Sr. (Jimmy Carter 전 미국대통령의 부친), Richard S. Boutelle (전 Fairchild Engine & Airplane Corp. 사장), Admiral David L. McDonald (베트남전 당시 미해군 참모총장), Roger Lewis (AMTRAK 초대 회장) 등		

St. Catherine's Military Academy

세인트 케터린스 밀리터리 아카데미는 1889년에 설립된 천주교계 사립사관학교로, 기숙형 사립사관학교 중 유일하게 4학년부터 8학년까지의 초등교육 커리큘럼만 제공하는 학교이다. 학교 교장은 조넬렌 터너 Johnellen Turner 수녀이고 자체적인 군사교육 프로그램을 제공하며 생도대장 (commandant)은 미 해병대 예비역 대령이 맡고 있다. 한국인들이 많이 살고 있는 캘리포니아 주 애너하임Annaheim에 위치하고 있으며, 학교 총면적은 약 9,700평으로 사립 학교치고는 아담한 수준이다. 학비는 1년에 37,534 달러로 미국에서 가장 비싼 사립사관학교 중 하나이다. 총 학생수는 약 130명이며, 외국인 학생들을 위한 ESL/ESOL 프로그램도 제공하고 있다.

설립연도	1889년	1년 학비	$37,534 (Boarding 기준)
위치	Anaheim, California	교사:학생 비율	1:9
학교 총면적	약 9,700평	종교기반	Catholic
교장	Sister Johnellen Turner	ESL/ESOL 프로그램	제공
교육체계	사관학교식 초/중학교 (고등학교 과정 없음, 남녀공학)	외국인 비율	자료없음
학년	4-8학년	장학생 비율	25%
총학생수	약 130명	평균 장학금	$2,500
군사교육 프로그램	자체 프로그램	입학지원 마감일	연중
JROTC 수석교관 계급	미 해병대 예비역 대령		
AP 코스	적용안됨		
최근 졸업생 진학대학	적용안됨		
스포츠	Basketball (B), Flag football (B), Golf (B), Soccer (B), Touch football (B), Volleyball (B)		
특별활동	자료없음		
주요동문	자료없음		

St. John's Military School

　　세인트 죤스 밀리터리 스쿨은 1887년에 설립된 학교로 캔자스 주 샐리나^{Salina}에 위치하고 있다. 육군 JROTC 군사 및 리더십 커리큘럼을 제공한다. 학교 측에 의하면 지난 2009년 미육군 정기 검열에서 총점 1,000점에서 998점을 받아 가장 우수한 사관학교 중 하나로 선정되었다고 한다. 6~12학년 교육과정을 제공하며 학비는 1년에 27,765달러로 사립사관학교 중에서는 중간 정도 수준이다.

설립연도	1887년	1년 학비	$27,765 (Boarding 기준)
위치	Salina, Kansas	교사:학생 비율	1:8
학교 총면적	약 1만2천평	종교기반	Episcopal Church
교장	Mr. D. Dale Browning	ESL/ESOL 프로그램	자료없음
교육체계	사관학교식 대학입시 준비과정(남자)	외국인 비율	자료없음
학년	6~12학년	장학생 비율	자료없음
총학생수	약 120명	평균 장학금	자료없음
군사교육 프로그램	Army JROTC (육군)	입학지원 마감일	연중 수시
AP 코스	자료없음		
최근 졸업생 진학대학	자료없음		
스포츠	Baseball, Cross Country, Football, Rifle, Soccer, Track & Field, Tennis		
특별활동	Boy Scouts, Chapel Choir, Civil Air Patrol, Honor Guard, Scuba Club		
주요동문	자료없음		

St. John's Northwestern Military Academy

미국 중북부 위스콘신 주 델라필드Delafield에 위치한 세인트 죤스 노스웨스턴 밀리터리 아카데미는 미국의 가장 명성 있는 사립사관학교 중 하나로 1884년 세인트 죤스 홀St. John's Hall이라는 이름의 조그마한 사립 기숙학교로 시작하였다. 1890년부터 군사리더십 교육을 시작했고, 100년 후에는 이웃 사관학교인 노스웨스턴 밀리터리 앤드 네이블 아카데미Northwestern Military and Naval Academy와 합병하여 지금의 이름을 갖게 되었다.

설립자는 시드니 T. 스미스Sidney T. Smythe로 어릴 때부터 학교를 설립을 꿈꿔왔던 목사였다. 그는 지역의 유망한 젊은이들에게 종교, 체육, 그리고 도덕이 함께 어우러진 교육을 통해 인성을 성장시킨다는 교육이념을 갖고 있었다. 스미스의 이러한 교육이념은 'Work Hard, Play Hard, Pray Hard'라는 학교 교훈에서도 엿볼 수 있다. 그는 젊은이들이 자신이 갖고 있는 역량을 최대한 발휘하게 하기 위해서는 그들에게 힘든 도전과 맞서게 하고 그들이 원래 가려고 하는 곳보다 조금 더 갈 수 있도록 동기부여를 해줘야 한다고 생각했다. 이러한 설립자의 교육이념은 오늘날 이 학교가 미국의 으뜸가는 사관학교로 성장하는 데 큰 발판이 되었다고 학

교 관계자들은 말한다.

1995년 세이트 죤스와 합병된 노스웨스턴 밀리터리 앤드 네이블 아카데미는 19세기 말인 1888년 일리노이 주 하이랜드 파크Highland Park에 설립된 학교였다. 학교가 설립된 지 얼마 안 되어 학교 건물이 화재로 전소되는 비극을 겪으면서도 꾸준히 성장하여 1970년대까지 명성 있는 사관학교로 그 자리를 지켰지만, 베트남전 종전 후 반전무드에 큰 영향을 받아 학생수가 급격하게 떨어졌고, 1995년에는 급기야 이웃 학교인 세인트 죤스 밀리터리 아카데미에 도움을 요청하여 합병하게 된다.

다른 명성있는 사관학교와 마찬가지로 세인트 죤스 노스웨스턴 졸업생들의 국가에 대한 헌신은 대단했다. 세인트 죤스는 60% 이상의 학교 졸업생이 제1차 세계대전에 참전했고, 그 중 21명이 전투기 조종사로 자원해 전사했다. 노스웨스턴에서는 45% 이상의 생도들이 참전했는데 1차 세계대전 때만 해도 미육군사관학교를 제외하고는 잘 훈련된 군인을 확보하기가 어려웠기 때문에 세인트 죤스 노스웨스턴 생도들은 다른 사관고등학교 생도들과 함께 전장에서 지휘관으로서 활약했다.

오늘날의 세인트 죤스 노스웨스턴은 군사교육에 초점이 맞혀졌던 과거와는 달리, 군사교육을 기반으로 한 미래 리더 양성에 노력하고 있다. 현재의 캠퍼스 총면적은 약 13만평으로 강의용 빌딩 2개, 최첨단 시설을 갖춘 과학관, 도서관, 생도식당, 교회, 학생회관, 체육관, 운동장 및 연병장, 9홀 골프장을 보유하고 있다. 생도대는 6개중대로 구성되어 있으며 각 중대당 50명의 생도가 소속되어 있다.

세인트 죤스 노스웨스턴은 지난 125년간 수많은 미국의 지도자들을 양성해 냈다. 근대 정치외교학을 공부한 사람이라면 들어봤을 만한 미국의 석학이며 2차 대전 후 유럽재건을 위한 마셜플랜Marshall Plan과 소련에 대한 봉쇄정책policy of containment을 주창한 조지 캐넌 프린스턴대 교수가 이 학교 출신이다. 정치인으로는 36년간 민주당 하원의원으로 역임하며 하원 세입위원장 등 막강한 영향력을 행사했던 다니엘 로스텐코스키Daniel Rostenkowski 의원과 사우스다코타 주 주지사를 4번 역임한 윌리엄 잰클로우William Janklow가 있다. 플랭클린 루즈벨트Franklin Roosevelt 대통령의 손자이며 미국의 UN대사를 지낸 C.루즈벨트 보티거C. Roosevelt Boettiger도 이 학교의 졸업생이다. 외국 정치인으로는 또리호스Martin Torrijos Espino 파나마 대통령(합병 전인 St. John's 시절 졸업)이 있다. 기업인으로는 우연치 않게 아기용품을 만들어 세계적인 갑부가 된 두 명이 모두 이 학교 출신이다. 다국적 아기용 식품회사인 거버Gerber의 창립자인 다니엘 F. 거버Daniel F. Gerber와 아기용 장난감 전문 기업인 비니 베이비스Beanie Babies Inc.의 창립자 및 대표이사 타이워너Ty Warner가 그들이다. 전 텍사스 인스트루먼트Texas Instrument 대표이사인 카알 톰슨Carl Thomsen, 썬마이크로시스템스Sun Microsystems의 기술총책임자 린지 스트레이트Lindsy Strait 등도 동문이다. 군인으로는 미공군 참모총장을 지낸 토마스 D. 화이트Thomas D. White 장군(합병 전인 St. John's 시절 졸업) 등이 있다.

St. John's Northwestern Military Academy

설립연도	1884년	1년 학비	$33,500 (Boarding 기준)
위치	Delafield, Wisconsin	교사:학생 비율	1:12
학교 총면적	약 13만평	종교기반	Episcopal Church
교장	Mr. Jack H. Albert, Jr.	ESL/ESOL 프로그램	제공
교육체계	사관학교식 대학입시 준비과정(남자)	외국인 비율	30%
학년	7~12학년, PG	장학생 비율	35%
총학생수	약 280명	평균 장학금	자료없음
군사교육 프로그램	Army JROTC (육군)	입학지원 마감일	연중 수시
AP 코스	AP Calculus, AP Biology, AP Chemistry, AP US History, AP Literature and Composition, AP Statistics + College Calculus and Analytical, Geometry, College Physics		
최근 졸업생 진학대학	DePaul University, Embry-Riddle Aeronautical University, Emory University, Marquette University, Northwestern University, Purdue University, University of Illinois at Urbana-Champaign, University of Notre Dame, University of Wisconsin-Madison, US Service Academies (West Point, Annapolis 등)		
스포츠	Football, basketball, baseball, soccer, track and field, cross-country, lacrosse, wrestling, soccer, swimming, riflery, golf, tennis, hockey 등		
특별활동	Boy Scouts, the Trumpeter school yearbook, Color Guard, Ski Club, National Honor Society, National Junior Honor Society, Spanish National Honor Society, German National Honor Society, Art National Honor Society 등		
주요동문	Martin Torrijos Espino (전 파나마 대통령), Daniel Gerber (Gerber Baby Foods 창립자), William Janklow (전 South Dakota주 주지사), Ty Warner (Beanie Babies 아기인형 전문업체 창립자)		

TMI-The Episcopal School of Texas

텍사스 주 산안토니오^{San Antonio}시에 위치한 티엠아이-더 에피스코펄 스쿨 오브 텍사스는 미국인들에게는 더글라스 맥아더 장군이 졸업한 학교로 잘 알려져 있는, 미국 최고의 역사와 전통을 자랑하는 사립학교 중 하나이다. 1893년 미국 성공회 주교였던 제임스 스텝토 존스톤^{James Steptoe Johnston} 목사에 의해 웨스트 텍사스 밀리터리 아카데미^{West Texas Military Academy}라는 이름으로 설립된, 미국 남서부 지역에서 가장 역사가 깊은 성공회^(Episcopal) 기반의 학교이기도 하다.

1926년 텍사스 밀리터리 인스티튜트^{Texas Military Institute}로 그 명칭을 변경하였고, 1972년부터는 여자 생도들 입학을 허가하였다. 1974년에는 70여 년간 모든 학생들이 의무적으로 택해야 했던 사관학교식 학교생활을 선택제로 변경하였다. 미국인들에게는 통상 텍사스 밀리터리 인스티튜트로 알려져 있지만, 학교의 공식 이름은 티엠아이-더 에피스코펄 스쿨 오브 텍사스^(TMI)이다

6학년부터 12학년까지의 교육 커리큘럼을 제공하며, 현재 총 400여 명의 학생들이 재학 중인데 이 중 대부분이 학교와 가까운 곳에 거주하며

등하교를 하는 데이 스튜던트이며, 타지역이나 외국에서 온 약 50명의 학생들이 기숙사 생활을 하고 있다.

일반 교육과정은 중학교와 고등학교 커리큘럼으로 나누어진다. 중학교 과정은 영어문법, 영문학, 수학, 과학, 역사 등의 교육과정에 중점을 두고 있으며, 매우 체계화된 예술 및 외국어 교육프로그램도 제공하고 있다. 고등학교 과정은 일반 사립학교와 마찬가지로 대학진학 준비를 위한 커리큘럼으로 구성되어 있으며, 대학진학을 위한 세심한 카운슬링 프로그램을 운영하고 있다. 모든 학생들이 건강하게 학교 생활을 할 수 있도록 미식축구, 배구, 축구, 농구, 수영, 야구, 소프트볼, 라크로스, 골프, 테니스 등 다양한 체육프로그램을 제공하고 있다. 또한 예술에 관심 있는 학생들은 합창단, 백파이프와 드럼으로 구성된 군악대, 연극, 미술 등의 다양한 프로그램을 선택할 수 있고, 악기를 연주하는 학생들에게는 지역 청소년 교향악단(Youth Orchestras of San Antonio)에서 활동할 수 있도록 오디션 지원도 해주고 있다.

TMI는 명문대 합격률이 가장 높은 사립사관학교 중 하나이다. 지난 6년간 TMI 졸업생들이 진학한 대학 목록에는 하버드, 예일, 프린스턴 등 미국 최고의 명문대 이름이 수두룩하다. 물론 미 육·해·공군 사관학교에 진학한 학생들도 상당수 있다(도표참조).

1974년부터 군사교육이 선택제로 바뀌면서 생도 숫자는 크게 줄었지만, 미국의 역사적 인물인 맥아더 장군을 배출한 학교로서 군사교육의 역사와 전통은 대단하다. 1893년 설립 당시 12명의 학생과 6명의 교사로 시작한 이 학교의 초대 교장 앨런 L. 벌레슨(Allen L. Burleson) 목사는 일반 학교

교육과 군사교육을 접목시켜 '인생에서 타인을 지휘할 수 있는 위치에 서는' 젊은 리더를 양성할 수 있다고 굳게 믿었다. 개교한 지 2년이 지난 1895년부터는 총 생도수가 109명으로 크게 증가하였다. 1896년에는 학교 교육시설도 1개의 학교 건물에서 47평의 체육관을 포함한 5개의 건물로 증설되었다. 1919년부터는 JROTC 프로그램을 공식 채택하였는데 사립사관학교 중 이 프로그램을 가장 먼저 받아들인 학교 중 하나이다.

사관학교로서의 역사와 전통만큼 TMI는 수많은 훌륭한 군인들을 배출하였다. 제1차 세계대전에서는 1912년 졸업생인 제임스 시면James Siman 소위가 몽블랑Blanc Mont 전투에서 250명의 적군을 생포하는 공을 세웠고 1905년 졸업생이며 1차 세계대전 당시 아메리칸 인디언으로서는 가장 높은 계급의 장교였던 워싱턴 그레이슨Washington Grayson 소령은 미육군 84 사단 예하 336 기관총대대장으로 참전했다. 제2차 세계대전에서는 약 433명의 TMI 졸업생이 참전을 했다.

그 중 맥아더 장군은 TMI 학교 역사에서 빼놓을 수 없는 가장 훌륭한 졸업생이라고 할 수 있다. 1897년 졸업생인 그는 TMI 생도시절 97.33점이라는 최고의 성적을 받은 것은 물론 미육군사관학교 시험도 기록적인 93.33점을 받는 등 최고 우등생이었다고 한다. 성적뿐만 아니라 그의 리더십과 운동실력은 생도들 중 최고 수준이었다. 졸업반인 시니어Senior때는 생도 일등상사로 임명되어 생도대를 훌륭하게 지휘했고, 학교 미식축구대표팀 주장과 쿼터백으로 활동했다. 맥아더 장군의 미육군사관학교 동기생들은 "그는 입학했을 때부터 아무것도 모르는 신입생도가 아니라 이미 베테랑 군인이었다"고 회고할 정도로 그는 리더십과 군인으로서의 자질이 탁월한 인물이었다. 이렇게 TMI는 미국 역사상 5성 장군에 오른 9명의 장군 중 한 명, 2차 대전 당시 연합군 남서태평양사령관, 한국전쟁 당시 연합군총사령관, 일왕으로부터 항복을 받아낸 장본인, 아버지와 아들이 모두 명예훈장을 받은 미국 영웅가문의 아들, 미국 역사상 가장 젊은 육군참모총장, 근대적인 미육군사관학교의 창시자로 미국인의 존경을 한 몸에 받았던 맥아더 장군을 배출한 학교임에 큰 자부심을 갖고 있다.

맥아더 장군 외에도 TMI는 총 12명의 장군을 배출했고, 라마르 스미스Lamar Smith 전 미 하원의원, 전 주영미국대사 및 미국해외공보처장(Director of USIA)을 지낸 헨리 E. 카토Henry E. Catto Jr, 나사NASA의 아폴로 9호와 15호 달탐사 임무를 수행했던 데이비드 스콧David Scott 대령 등도 이 학교 동문이다.

설립연도	1893년	1년 학비	$37,740 (Boarding 기준)
위치	San Antonio, Texas	교사:학생 비율	1:7
학교 총면적	약 11만평	종교기반	Episcopal Church
교장	Mr. James A. Freeman	ESL/ESOL 프로그램	없음
교육체계	사관학교식 대학입시 준비과정(남녀공학)	외국인 비율	10%
학년	8~12학년	장학생 비율	17%
총학생수	약 400명	평균 장학금	$8,800
군사교육 프로그램	Army JROTC (육군)	입학지원 마감일	November 15, January 16
JROTC 수석교관 계급	미 육군 예비역 소령		
AP 코스	Art, Biology, Calculus, Chemistry, Computer science, Economics, English, Government and politics, History, Latin, Physics, Spanish, Statistics		
최근 졸업생 진학대학	Boston College, Brown University, College of William & Mary, Columbia University, Duke University, Harvard University, Johns Hopkins University, New York University (NYU), Princeton University, Stanford University, US Military Academy-West Point, US Air Force Academy, US Naval Academy, Yale University, Washington University (St. Louis)		
스포츠	Baseball (B), Basketball (B,G), Cheering (G), Cross-country running (B,G), Diving (B,G), Fitness (B,G), Football (B), Golf (B,G), JROTC drill (Coed), Lacrosse (B,G), Marksmanship (Coed), Physical training (Coed), Riflery (Coed), Soccer (B,G), Softball (G), Strength & conditioning (B,G,Coed), Swimming and diving (B,G), Tennis (B,G), Volleyball (G), Weight training (B,G) 등		
특별활동	Student Council, Discipline System, Environmental Explorers, The Interact Club, Christian Fellowship, Newspaper, Literary Magazine "The Muse", TMI-Priceless People, Wahser Crew, French Club, Latin Club, Greek Club, Romanian Club, Diversity Club, Games Club, Yearbook Club, Students Against Drunk Driving (SADD), Music and Theatre		
주요동문	Gen. Douglas MacArthur (2차대전 연합군 남서태평양사령관, 한국전쟁 UN군 사령관), Lamar Smith (미 하원의원), James A. Baker Jr. (Baker Botts 법률사무소 파트너, James Baker 전 미국무장관의 부친)		

벨리포지 밀리터리 아카데미는 1928년 밀턴 G. 베이커^{Milton G. Baker} 장군에 의해 14명의 장교와 125명의 생도들로 처음 발을 내디뎠다. 벨리포지의 최초 학교 빌딩은 펜실베니아 주 데번^{Devon}에 위치한 데번 파크 호텔^{Devon Park Hotel}로 빅토리아시대 건축양식의 아름다운 건물이었으나 1929년 1월 화재로 전소되었고, 그 이후에 현재 캠퍼스가 위치한 웨인^{Wayne}으로 이전하였다.

미국의 경제 대공황이라는 어려운 국가 상황 속에서도 설립자인 베이커 장군은 강한 리더십으로 학교 빌딩을 건립하는 등 학교 확장에 적극적으로 나서서 재학생 수가 지속적으로 늘어났고 벨리포지를 찾는 영향력 있는 인사도 차츰 늘어났다. 미국 국방부장관, 국무장관, 육군참모총장을 지낸 조지 C. 마샬^{George C. Marshall} 장군은 벨리포지의 적극적인 지원자였으며, 1951년에는 학교 예배당을 건립하는 데 많은 지원을 해주었다. 또한 드와이트 아이젠하워^{Dwight Eisenhower} 대통령도 그의 이름을 딴 강당 건립을 위해 학교를 두 차례나 방문한 바 있다.

펜실베니아 주의 공식 사관학교로 지정된 이 학교는 남녀공학이며 7

학년부터 12학년까지의 중고등학교 커리큘럼을 제공하고 있고, 벨리포지의 주니어 컬리지는 2년 조기임관 프로그램을 제공하는 5개 사관학교 중 하나이기도 하다. 또한 명문대 입학률이 높은 사관학교 중 하나이며, 역사와 전통이 깊은 영국의 사관고등학교인 듀크 오브 요크스 로얄 밀리터리 스쿨Duke of York's Royal Military School과 자매결연을 맺고 있다.

학교 부지 총면적은 14만평으로 상당히 큰 편이며, 총 학생수는 중고등 과정을 모두 포함하여 약 600여 명이다. 1년 학비는 기숙생도 기준으로 38,290달러로 외국인 생도들에게는 별도의 비용이 추가로 적용된다. 군사교육은 프로그램은 육군과 공군 JROTC 프로그램을 함께 채택하고 있고 대학교 학점으로 인정되는 AP 코스도 있다(도표참조).

벨리포지 밀리터리 아카데미는 학교의 전통도 매우 특별하다. 학교 설립자인 베이커 장군은 영국군의 화려하고 위풍당당한 의식과 제복에 크게 매료되어 학교를 미군과 영국군의 전통을 혼합하여 운영하였다. 그는 영국의 엘리자베스2세 여왕으로부터 명예사령관 작위를 받을 정도로 영국군의 전통을 미국에 소개하는 데 앞장 섰던 인사이며, 이러한 특별한 인연으로 영국의 주요 인사들이 이 학교를 여러 번 방문한 바 있다. 또한 미군은 물론 영국 왕립사관학교인 샌드허스트Sandhurst의 교장이 직접 학교를 방문해 생도들에 대한 검열을 하는 등 미국의 사관학교 중 가장 개성 넘치는 학교로 그 이름이 알려져 있다. 현재 벨리포지에는 영국 왕립 해군 및 해병대 출신 예비역 장교와 부사관들이 현직 교사로 재직하고 있고, 특히 벨리포지 레지멘털 밴드Valley Forge Regimental Band로 불리는 학교 군악대는 그 명성이 대단하여 미국 내 주요 행사는 물론 영국 왕실의

주요 행사에도 여러 번 참석한 경험이 있다.

　동문들의 명성도 대단하다. 미국 문학의 최고 걸작으로 꼽히는 '호밀밭의 파수꾼'의 저자 샐린저는 1936년 졸업생이다. 정치인으로는 뉴 햄프셔 주 상원의원으로 12년간 재직한 1948년 졸업생 워렌 러드맨^{Warren Rudman}이 있고, 걸프전 당시 미군의 '사막의 폭풍' 작전을 총지휘했던 노먼 슈왈츠코프 장군은 벨리포지의 미식축구대표팀 주장으로 활동했고 1952년에 수석으로 졸업했다. 이 밖에도 불가리아의 왕이자 총리였던 시메온 2세, 현 미해군 참모총장인 개리 로페드^{Gary Roughead} 제독(1969년 졸업)도 이 학교의 동문이다.

Valley Forge Military Academy

설립연도	1928년	1년 학비	$38,290 (Boarding 기준)
위치	Wayne, Pennsylvania	교사:학생 비율	1:12
학교 총면적	약 14만평	종교기반	Christian
교장	William Floyd (총장) COL James Doyle (교장)	ESL/ESOL 프로그램	제공
교육체계	사관학교식 대학입시 준비과정, 2년제 대학 (남녀공학)	외국인 비율	15%
학년	7~12학년, PG, College	장학생 비율	72%
총학생수	약 300명	평균 장학금	자료없음
군사교육 프로그램	Army & Air Force JROTC/ROTC	입학지원 마감일	연중
AP 코스	총 13개 Art, Biology, Calculus, Chemistry, Computer science, Economics, English, Government and politics, History, Latin, Physics, Spanish, Statistics		
최근 졸업생 진학대학	Brown University, Boston University, Emory University, George Mason University, New York University, Purdue University, Syracuse University, The Citadel, United States Air Force Academy, United States Military Academy, United States Naval Academy, University of Michigan-Ann Arbor, University of Washington-Seattle, Virginia Tech, Washington University 등		
스포츠	Baseball (B), Basketball (B), Climbing (B), Cross-country running (B), Dressage (B), Drill team (B), Equestrian sports (B), Fitness (B), Football (B), Golf (B), Horseback riding (B), Indoor track (B), Judo (B), Lacrosse (B), Marksmanship (B), Outdoor activities (B), Outdoor recreation (B), Paint ball (B), Physical fitness (B), Physical training (B), Soccer (B), Swimming and diving (B), Weight lifting (B), Weight training (B), Wrestling (B) 등		
특별활동	Admissions, Ambassadors, Boy Scouts, Chess Club, Community Service, Fencing, Herald Trumplets, Jewish Fellowship, Paintball, Student Government 등		
주요동문	Gen. H. Norman Schwarzkopf (1차 걸프전 '사막의 폭풍' 총사령관), Adm. Gary Roughead (제29대 미해군참모총장, 2007~), Simeon Rylski (불가리아 전 총리), Julian Peterson (NFL Seattle Hawks 선수), BG Michael Linnington (미육군사관학교 생도대장), Edward Albee (작가, 퓰리처상 3회 수상) 등		

Wentworth Military Academy

미주리 주 렉싱턴^{Lexington}시에 위치한 웬트워스 밀리터리 아카데미^(WMA)는 1880년에 지역 유지였던 스티븐 G. 웬트워스^{Stephen G. Wentworth}에 의해서 설립되었으며, 현재 미시시피강 서쪽에서 가장 오래된 사립사관학교이다. 또한 ROTC 조기임관 프로그램을 제공하는 주니어 컬리지를 보유한 5개 사관학교 중 하나이다. WMA의 고등학교 과정을 졸업한 학생들은 대부분 일반 대학으로 진학하기는 하지만 주니어 컬리지 학생들은 입학 2년 만에 육군 소위로 임관할 수 있는 장점이 있다. 또한 이 학교는 지난 20년간 미 공군사관학교 100% 합격률이라는 기록을 보유하고 있기도 하다.

학교가 위치한 렉싱턴 시는 남북전쟁 초기 전투 중 하나였던 제1차 렉싱턴 전투^(The First Battle of Lexington)가 벌어진 곳으로 유명하며, 역사적으로 많은 사립학교가 위치한 곳으로 미주리 주의 교육도시 중 하나로도 잘 알려져 있는 곳이다. 지리적으로는 미주리 주 2대 도시인 캔자스시티^{Kansas City}에서 1시간 정도 거리에 위치하고 있다.

WMA는 미국의 많은 사립사관학교 중 가족이 대대손손 운영해 온 학교로도 유명하다. 설립자 웬트워스의 친척이기도 한 샌포드 셀러스Sanford Sellers가 2대 교장으로 취임한 이후로 130년간 취임한 14명의 교장 중 현재 교장인 윌리엄 W. 셀러스William W. Sellers를 포함해 총 5명이 셀러스 가문의 자손들이다. WMA는 "학생들은 군사교육이 없을 때보다 있을 때 더 많은 배움을 얻을 수 있다"는 학교의 교육철학 하에 중부의 명문 사립사관학교로 지속적으로 성장해 왔다. 1930년대 대공황이 미국을 강타하면서 WMA도 생존이 잠시 위협을 받았지만, 제4대 총장인 제임스 M. 셀러스James M. Sellers가 1933년 취임하면서 역경을 이겨내고 1933~1960년간 큰 발전을 이루어 냈다. 미 해병대 장교 출신인 그는 27년의 임기 동안 학교의 주요 건물들을 건립하였고 생도들의 비행훈련을 위해 자체 비행장을 갖춘 훈련센터를 만드는 등 학교 발전에 큰 기여를 하였다. 또한 그의 재임기간 중인 1954년에는 미주리 출신이었던 트루먼Harry S. Truman 대통령이 학교의 75주년 기념식에 직접 참석해 축사를 하는 등 학교의 인지도를 드높였다. 이후 WMA도 여타의 사관학교들과 마찬가지로 베트남전으로 인한 사회적 반군 정서로 인해 이미지에 타격을 입었고 설상가상으로 1975년에는 화재로 학교 건물 2동이 전소되는 등 학교 역사상 가장 큰 시련의 시기를 맞기도 했지만 1980년대에 들어서면서 다시 지속적인 발전을 이루어 1980년대 중반에는 총 생도수가 400명으로 유지되는 등 명실공히 중부의 명문 사립사관학교로 확실히 자리매김했다.

리더십 교육을 병행하는 사관학교라는 것 외에도 WMA는 2년제 대학을 함께 운영하여 고등학교 생도들이 대학학점을 받을 수 있도록 다양한 프로그램을 제공하고 있다는 장점이 있다. 이 학교의 고등학생들은 대학에서 제공하는 듀얼 인롤먼트dual enrollment 프로그램을 신청하여 적게는 6학점에서 많게는 32학점까지 미리 대학교 학점을 받을 수 있어 우수한 학생들은 고등학교 졸업과 동시에 2년제 대학 졸업장도 함께 받을 수 있다. 이 학교의 관계자에 의하면 2009년 한국인 학생 2명이 대학학점을 24학점이나 받고 졸업을 해서 많은 사람들을 놀라게 했다고 한다.

웬트워스의 생도대는 9학년부터 대학 2학년까지 총 250명의 생도들이 있으며, 4개 중대로 나누어져 있다. 대학 ROTC 생도들이 있기 때문에 생도대의 주요 리더십 자리는 대부분이 대학생 생도들이 맡고 있다. 새로 입학하는 생도들은 버지니아 밀리터리 인스티튜트의 전통 신입생도 훈련 프로그램인 리쿠르트 앳 트레이닝Recruit at Training(RAT)을 그대도 벤치마킹한 신입생 훈련 과정을 거치는데 이를 통해 생도로서의 생활관리 방법, 인성교육, 비판적사고, 리더십 능력 개발, 학교 역사 등에 대한 교육이 이루어진다. RAT 교육을 수료하면 생도들은 올드보이Old Boy로 불리게 되며 생도대의 정식 멤버로 인정을 받게 된다.

한편 웬트워스의 군악대는 학교의 명성만큼이나 지역에서 인기가 매우 높다. 1896년 처음 만들어진 군악대는 1970년대에는 현재 UCLA 음대 교수로 있는 로저 켄들Roger Kendall의 지휘 아래 크게 성장하여 전국 군악 경연대회에서 여러 번 우승을 했고, 미국 전역의 유명한 축제는 물론 대통령 및 주지사 취임식 퍼레이드와 프로미식축구 및 메이저리그 야구경기에서 공연을 펼치는 등 매우 활발한 활동을 하고 있다.

동문들에 관한 얘기도 매우 흥미롭다. 우선 미국 정치인으로 지난 33년간 미주리 주 하원의원을 지내고 현재 하원 군사위원회 위원장으로 있

는 민주당 아이크 스켈턴 의원, 주영국과 주벨기에 미국대사를 지낸 찰스 H. 프라이스^{Charles H. Price II} 대사가 있다. 정계 외에도 군, 기업, 문화예술, 언론계에서 큰 업적을 남긴 동문들도 많다. 문화예술계에는 한국전쟁을 배경으로 만들어져 아카데미상을 받은 영화 매쉬^{MASH}의 감독 로버트 알트만^{Robert Altman}이 가장 유명하다. 미국 경제발전에 일조를 한 기업인들로는 세계 최대 할인마트인 월마트의 공동창립자이며 억만장자였던 제임스 버드 월튼, 메이저리그 텍사스 레인저^{Texas Rangers}의 소유주 에디 칠레스^{Eddie Chiles}, 레이저기술의 선구자이며 인터내셔널 레이저 시스템스 International Laser Systems(ILS)의 창립자였던 윌리엄 C. 슈왈츠^{William C. Schwartz} 등이 있다. 언론인으로는 1982년 퓰리처상 수상자인 더 시애틀 타임즈^{The Seattle Times} 기자 폴 헨더슨^{Paul Henderson}이 있고, 군인으로는 최초의 아메리칸 인디언 출신 장군인 클라렌스 L. 틴커^{Clarence L. Tinker} 장군(오클라호마 주에 위치한 틴커 공군기지가 이 장군을 기리기 위해 명명됨), 주유럽 미군사령관을 지내고 한국전쟁에서 미육군 9군단장을 지낸 윌리엄 M. 호그^{William M. Hoge} 장군 등이 있다. 또한 제2차 세계대전, 베트남전에서 각각 1명의 웬트워스 동문이 미국 정부가 수여하는 최고의 훈장인 명예훈장^(Congressional Medal of Honor)을 받았다.

설립연도	1880년	1년 학비	$29,705 (Boarding 기준)
위치	Lexington, Missouri	교사:학생 비율	1:10
학교 총면적	약 16만평	종교기반	없음
교장	COL William Sellers (Wentworth 졸업생)	ESL/ESOL 프로그램	제공
교육체계	사관학교식 대학입시 준비과정, 2년제 대학 (남녀공학)	외국인 비율	15%
학년	7~12학년, PG, College	장학생 비율	25%
총학생수	약 200명	평균 장학금	$6,000
군사교육 프로그램	Army JROTC ROTC (조기임관)	입학지원 마감일	연중 수시
JROTC 수석교관 계급	예비역 육군 중령 (생도대장) 예비역 육군소령 (수석교관)		
AP 코스	총 32개 + Dual Enrollment		
최근 졸업생 진학대학	University of Kansas, University of California, University of Southern California, Embry Riddle, U.S. Air Force Academy, University of Missouri-Columbia, U.S. Military Academy at West Point, University of Mexico-Monterrey, Northern Arizona University, University of Iowa, University of Cincinnati, Loyola University-Chicago, University of Oklahoma, University of Nevada Las Vegas, Texas A&M, Ohio State University, Auburn University		
스포츠	Baseball, Basketball, Cheerleading, Cross Country, Football, Golf, Tennis, Track, Soccer, Softball, Volleyball, Wrestling 등		
특별활동	Band, Boy Scouts/Venture Scouts, Cannon Crew, Choir, Color Guard, Drill Team, International Club, Honor Guard, Leadership Challenge, National Honor Society, Raiders, Rifle Team, Wentworth Honor Society, Yearbook 등		
주요동문	Hon. Ike Skelton (미하원 군사위원회 위원장, 하원의원), Bud Walton (Wal-Mart 공동창립자), Marlin Perkins (저명한 동물학자)		

Photo Copyrights

Admiral Farragut Academy 24, 64, 80, 92, 182

Culver Academies(Gary Mills, Jan Garrison, Doug Haberland) 46, 51, 53, 64, 69, 74, 89, 122, 195, 196, 199

Carson Long Military Institute 190

Fishburne Military School 80, 89, 202

Massanutten Military Academy 40, 214

Missouri Military Academy 69, 74, 76, 89, 112, 218, cover

New Mexico Military Academy 222

Randolph-Macon Academy 53, 64, 89, 229

St. John's Northwestern Military Academy 31, 240

TMI-The Episcopal School of Texas 69, 80, 178, 246, 247

Valley Forge Military Academy 27, 51, 69, 80, 89, 94, 253

Wentworth Military Academy 51, 259

정륜

1973년 서울 생
미 캠퍼 밀리터리 스쿨 졸업(미주리 주)
미 웨스트민스터대학 정치외교학 학사(미주리 주)
미 조지타운대학교 외교대학원 안보학 석사(워싱턴 DC)
현 리인터내셔널 특허 · 법률사무소 대외협력실장
현 조지타운대학교 한국 총동문회 총무
현 캠퍼 밀리터리 스쿨 앤 컬리지 총동문회 아시아담당 이사
미 전략-국제문제연구소(CSIS) 군사정치팀 근무(워싱턴 DC)
영국 제인스 디펜스 위클리 한국담당 기자
국회 황진하 의원 정책보좌관(국방 및 국제관계 담당)

리더만들기 200년,
미국 사립사관학교로 가라!

초판 인쇄 | 2010년 8월 17일
초판 발행 | 2010년 8월 24일

지은이 | 정륜
펴낸이 | 이송준
펴낸곳 | 인간희극

등록 | 2005년 1월 11일 제319-2005-2호
주소 | 서울특별시 동작구 사당동 1028-22
전화 | 02-599-0229
팩스 | 0505-599-0230
이메일 humancomedy@paran.com

출력 | 경운출력
인쇄 | 성신프린팅

ISBN 978-89-93784-03-9 03370